SENHORAS
da valsa

1ª edição - junho/2010
10.000 exemplares

internet:
http://www.ideeditora.com.br
e-mail: comentarios@ideeditora.com.br

Capa:
César França de Oliveira

FICHA CATALOGRÁFICA

(Preparada na Editora)

Fascioni, Clotilde Maria de Souza, 1946-

F26s *Senhoras da valsa* / Clotilde Maria de Souza Fascioni, Araras, SP, IDE, 1ª edição, 2010.

224 p.

ISBN 978-85-7341-476-9

1. Romance 2. Espiritismo I. Título.

CDD-869.935
-133.9

Índices para catálogo sistemático

1. Romance: Século 21: Literatura brasileira 869.935
2. Espiritismo 133.9

INSTITUTO DE DIFUSÃO ESPÍRITA

Av. Otto Barreto, 1067 - Cx. Postal 110 - CEP 13602-970 - Araras/SP - Brasil
Fone (19) 3541-0077 - Fax (19) 3541-0966
CNPJ 44.220.101/0001-43 – Inscrição Estadual 182.010.405.118

IDE EDITORA É APENAS UM NOME FANTASIA UTILIZADO PELO INSTITUTO DE DIFUSÃO ESPÍRITA, O QUAL DETÉM OS DIREITOS AUTORAIS DESTA OBRA.

www.ideeditora.com.br

INSTITUTO DE DIFUSÃO ESPÍRITA

IDE Editora é um departamento do **INSTITUTO DE DIFUSÃO ESPÍRITA**, entidade sem fins lucrativos, que promove extenso programa de assistência social aos necessitados de toda ordem.

ide editora

Clotilde Fascioni

SENHORAS da valsa

ide editora

ÍNDICE

1 - A excursão 9

2 - A casa de repouso 21

3 - O livro 31

4 - Estelita 47

5 - Continuando a leitura 57

6 - A visita de Danúbia 67

7 - A desencarnação de Estelita 85

8 - Celina e Paulo 99

9 - Ensinamentos 111

10 - Inês 121

11 - A desencarnação de Inês 135

12 - Diálogo de Celina e Ada 143

13 - A revelação de Ada 163

14 - Mais revelações 175

15 - A história de Dalila 189

1

A EXCURSÃO

O hotel era superconfortável, desses com várias piscinas térmicas, imensos jardins paradisíacos, com muitas atividades e distrações para os hóspedes, incrustado entre montanhas, nascentes e muita mata nativa. Belíssimo!

Já fazia uma semana que aquele grupo de senhoras e senhores procurava aproveitar da melhor maneira possível o tempo livre, que antes tinha sido ocupado com muito trabalho e poupança para agora usufruírem do sonho de uma vida alegre e sossegada em passeios como esse, depois de aposentados. Entre eles, Danúbia e Celina, amigas, há muitos anos trabalhando juntas; agora aposentadas, Danúbia se mudou para o interior enquanto Celina permaneceu na capital. As duas tinham o que se pode chamar de amizade verdadeira, nunca deixaram de se falar e de se encontrar. E marcaram uma excursão naquela empresa de turismo, pois de acordo com Danúbia, era uma excelente maneira de Celina sair da depressão em que se encontrava. E ela, mesmo a contragosto, resolveu atender aos apelos da amiga, deixando-se levar.

O ônibus saíra da capital com Celina a bordo, entre outros, parando em mais duas cidades pelo caminho, para que outros passageiros inscritos na mesma excursão embarcassem também em direção às montanhas. Algumas pessoas que se conheciam iam conversando alegremente. Celina estava viajando entre eles pouco à vontade, a bem da verdade. Talvez ela não estivesse tão bem ainda quanto pensava, quando concordou em ir com a amiga Danúbia ao passeio na região das montanhas. Andava completamente desanimada e sem vontade de sair, pois passara por alguns momentos desagradáveis havia pouco tempo e parecia que ainda não se recuperara totalmente.

A primeira coisa que Danúbia falou ao entrar no ônibus foi:

– Relaxa, querida... Você precisa relaxar, está muito tensa...

Sem conseguir se conter, ela respondeu rispidamente:

– Eu estou relaxada! Parece que para tudo agora o remédio é relaxar, ora, não aguento mais relaxar, ando irritada por demais e me mandar relaxar me irrita mais ainda em todos os sentidos. Desculpe-me, minha amiga, realmente hoje estou chateada, eu nem deveria ter vindo, não estou bem e acabei descontando em você, mas você me conhece, não é? Não faço por mal, é que acordei assim, mas não se preocupe, é o problema de sempre, você sabe, depois passa... Pelo menos espero.

– Ele não telefonou?

– Não.

– Então me prometa que só por esses dias você vai esquecer tudo isso e divertir-se.

– Vou tentar, prometo... Desculpe mais uma vez a minha grosseria, você é tão gentil e paciente comigo, que depois morro de remorso e vergonha... – falava, enquanto duas lágrimas escorriam pelo seu rosto de pele alva.

Danúbia a abraçou com carinho, procurando dar ânimo à amiga.

– Liga não, amiga. Eu sei que você não está bem, por isso a convidei, vamos passear, nos distrair, pelo menos um pouquinho, está bem?

Celina mal teve forças para movimentar a cabeça concordando.

E, agora, viajava com esse grupo animado de desconhecidos, que possuíam uma euforia que ela ainda não descobrira aonde iam buscar, sempre fazendo exercícios e atividades o tempo inteiro para relaxar, palavra que ela começou a odiar de uns tempos para cá. Mal terminavam um jogo qualquer e já se preparavam para a próxima atividade. Celina não se sentia assim, com essa alegria radiante. Todo aquele vai-e-vem de atividades sempre comandadas por recreadores do hotel a estava deixando cada vez mais irritada, sendo estimulada o tempo todo a se agitar, quando na verdade queria calma e ócio. Tinha que rir, quando preferia ficar em silêncio ouvindo os pássaros e o farfalhar das árvores acariciadas pelo vento. É claro, que podia ou não, acompanhá-los se quisesse; não era obrigada, mas se sentia constrangida de não ir com o grupo, principalmente com Danúbia, pois não queria contrariá-la e porque todos eram muito gentis, sempre querendo enturmá-la nas diversões. Já estava arrependida porque aceitara o convite de sua amiga, que agora fazia ginástica alegremente como a maioria das pessoas, acompanhando o ritmo cadenciado da música. Esta sim, tinha uma disposição incrível e achava aquilo tudo o máximo. Mas ela também já tinha sido assim, animada, era o período ruim por que estava passando que tirava todo o seu bom humor.

Passaram-se dias de muita agitação para os hóspedes do lindíssimo hotel das montanhas; quem quis andou a cavalo, de charrete, de pedalinho, passeios e caminhadas pelas matas que circundavam o hotel, praticaram hidroginástica, jogos e lazer de todo o tipo, bingo e música ao vivo à noite para os que quisessem dançar. Mas o humor de Celina não mudou muito; por poucos momentos sorriu de alguma coisa ou se interessou de verdade por alguma atividade, nem dos bailes à noite ela quis saber; ia cedo para a cama para acabar o dia logo, deixando a Danúbia a se divertir entre os amigos.

O penúltimo dia da excursão amanheceu nublado e chuvoso, então, a maioria foi para a sala de jogos, formando grupos para jogar cartas. Numa das mesas, entre outros, estavam Danúbia e Celina, entediadas, esperando o tempo clarear e o sol voltar para irem para fora. Todos preferiam atividades ao ar livre, mas parece que o serviço de meteorologia não prometia bom tempo para as próximas horas, e o jeito era aceitar pacientemente.

Num dado momento, Celina deitou as cartas na mesa, ficou de pé e saiu pisando duro da sala de jogos, largando o jogo de cartas pelo meio e indo ligeiro em direção ao quarto, sob os protestos e espanto dos "colegas" da mesa de jogo. Foi em vão, sem nem olhar para trás, voltou para a penumbra do quarto, que infelizmente não era o dela, mas pelo menos fazia silêncio. Não sabe quanto tempo ficou ali deitada na cama, olhando o teto sem o perceber. Seu pensamento ia longe, numa tediosa procissão de recordações, futilidades, moda, assuntos de conversas, lembranças de eventos e reuniões festivas vazias e fúteis, totalmente sem sentido, como tinha sido sua vida até aqui e mais ainda de uns tempos para cá, depois de sua separação de um casamento que nem deveria ter acontecido, na inútil busca de preenchimento da alma. Terapias e tratamentos alternativos não tinham, até ali, surtido o efeito esperado.

Agora ali, jogada sobre a cama, com um pé calçado e outro descalço, os cabelos esparramados pelos fofos travesseiros de uma cama anônima de um hotel bem longe de sua casa, só pensava como seria bom morrer, apagar tudo como uma lâmpada se apaga. Pensou em Deus e pediu perdão por seus pensamentos, mas não conseguia se animar, então começou a orar entre lágrimas, pedindo ajuda ao seu anjo de guarda para lhe tirar tantos pensamentos ruins que passavam pela sua cabeça, e ali ficou quieta, sem saber por quanto tempo, enquanto as lágrimas escorriam pelos cantos dos olhos negros. Um pensamento insistente se alternava às vagas lembranças de dias alegres e juvenis. Alguns amores que deram certo por um tempo, outros que não deram... O filho ausente, agora morando fora do país com o pai, e que quase não telefonava para ela para dar um alô e um sinal de vida. Não sabia mais nada dele já havia algum tempo, tempo esse longo demais para uma mãe. O pai usou de expedientes vergonhosos para conquistá-lo, usou de presentes e promessas, aproveitando-se da inexperiência e dos sonhos de juventude do filho, e ofereceu-lhe uma alternativa de vida daquelas que qualquer rapaz almeja, como viver em outro país, na companhia do pai o tempo todo; e assim, conseguiu tirá-lo literalmente do lado dela, sem a menor cerimônia. Isso a estava matando a cada dia um pouquinho. Perdeu a vontade de viver e, se não fosse sua amiga Danúbia, nem poderia imaginar o que teria feito. Por isso a insistência dela, nesses passeios.

Já escurecia lá fora e o quarto foi mergulhando numa suave penumbra, quando o telefone tocou: era Danúbia, a amiga, convidando-a para ir até o salão jantar. Mas Celina gentilmente deu-lhe uma desculpa de que estava com dor de cabeça e que só tomaria um chá no quarto. Levantou-se de onde estava e foi tomar um longo banho. Quando saiu da ducha, um pouco mais refeita, ligou a televisão para assistir ao jornal enquanto tomava o chá que havia chegado. De repente, quase sem notar, foi ficando mais atenta ao noticiário e distraiu-se completamente com a programação da televisão por algum tempo. Quando a amiga voltou para o quarto, ela já dormia profundamente com a ajuda de um remédio.

No dia seguinte, dia do retorno, todos se apresentaram à portaria antes das oito horas carregando suas malas e bolsas. Celina, então, aproveitou o momento em que todos estavam reunidos para se desculpar do dia anterior:

– Não sei o que me deu; de repente, fiquei nervosa, angustiada, uma pressão no peito repentina me fez sair correndo, estava sufocando, logo depois me deu uma forte dor de cabeça e aproveitei para descansar, me desculpem a grosseria.

Todos foram muito solícitos em desejar-lhe melhoras, justificando que isso acontece com todo mundo um dia... Que ela devia se tratar, pois parecia a tão na moda "síndrome do pânico"...

Os passageiros conversavam tranquilamente enquanto esperavam o ônibus estacionar para embarcarem, quando o funcionário do hotel chamou um casal ao balcão para atender a um telefonema. Quando voltaram, os conhecidos e os que estavam mais próximos começaram a consolá-los discretamente, enquanto eles, consternados, explicavam:

– Tia Minerva estava bem velhinha, faria cem anos no final do ano e era muito querida por todos. Pretendíamos preparar uma grande festa com música ao vivo e toda a família reunida. Ainda bem que estamos voltando para casa, senão teríamos que tomar um avião. Ah, que pena, íamos parar na capital e também visitar uma outra tia que reside numa casa de idosos. A nossa família não é muito grande, mas a maioria morreu em idade avançada. Todos morrem em idade avançada na família. Alguém mora na capital? Nós moramos no interior e precisamos entregar uma pequena encomenda com uma carta nessa casa de idosos. Alguém poderia fazer a gentileza de entregá-la para nós, se não for muito incômodo? Talvez alguém more perto...

O marido a interrompeu dizendo que ela não precisava incomodar ninguém, que depois eles dariam um jeito.

Mas ela continuou:

– Mas não tem nada de mal eu perguntar aos nossos companheiros de excursão, vai que alguém more perto e resolva ir até lá? Pode acontecer uma coincidência, não é mesmo? Nós iríamos parar na Capital e depois tomaríamos um ônibus de linha, de volta para casa; até porque, de vez em quando, alguém da família faz uma visita para ver se ela precisa de alguma coisa, mas esse imprevisto modificou nossos planos.

Todos ficaram se olhando uns aos outros, sem se manifestar. Celina esperou um pouco e, como ninguém se prontificou, ela deu um passo à frente e se ofereceu para aquela missão.

– Seja o que Deus quiser – pensou, enquanto esticava o braço na direção da companheira de excursão. Tomou o pequeno pacote nas mãos, que trazia amarrado junto uma carta trazendo nome e endereço do lugar a ser entregue. Entre agradecimentos sinceros e comovidos do casal enlutado, ela tranquilizou-os quanto à entrega segura e, caso a senhorinha necessitasse de alguma coisa, ela mesma, Celina, entraria em contato com a família. Trocaram telefones e lá se foram cada um para o seu lugar.

Danúbia, sua amiga, abismou-se com a atitude de Celina e, disfarçadamente, entre dentes, perguntou:

– Como você assume uma coisa dessas? Você nem está dando conta de si mesma, nem anda bem! Além do mais, nem sabe para que lado fica essa casa de idosos! Eles que mandem pelo correio!

– Não se preocupe, eu encontro. Estou precisando me ocupar com alguma coisa, quem sabe fazer turismo na cidade vai me fazer bem, não é? Depois, não me custa nada, é só entregar um pacote num determinado endereço e pronto. Além do mais, quando estou muito nervosa, prefiro andar o dia todo, assim ocupo os pensamentos com coisas fúteis e não penso em coisas negativas. Deixe comigo, que vai ser bom eu me ocupar de alguma coisa fora da minha rotina – respondeu, da mesma forma, entre os dentes.

2

A CASA DE REPOUSO

Alguns dias depois, Celina tomou coragem, conferiu o endereço num guia telefônico e num mapa, para ver em que lado da cidade ficava aquela instituição. Telefonou para lá e confirmou a localização com um ponto de referência. Colocou o pacote dentro de uma pequena sacola de papel e se dirigiu para o metrô. O endereço ficava do outro lado da cidade. Mas Celina até achou bom, não tinha horário e nem compromisso, por que não fazer um passeio pela cidade em que morava? Quem sabe, por algumas horas, aquela angústia, aquele aperto no peito ficavam esquecidos? Por isso, escolheu ir de metrô e não de carro, como pensou a princípio.

E assim, um pouco mais tarde, ela se apresentou naquela casa de idosos, levando um pacote com uma carta na mão. Pouco tempo depois, já estava muito à vontade, na grande sala, entre sofás e poltronas de descanso, conversando com as pessoas visitantes como ela, e algumas moradoras, fazendo perguntas de pura curiosidade, que eram alegremente respondidas, como se as respostas fossem dadas por crianças cheias de pureza e alegria. Algumas, infelizmente, completamente alienadas da realidade, mas mesmo assim carinhosas, outras sonolentas, nem se davam conta de onde estavam e da presença de visitantes.

Até que, em dado momento, voltou uma das senhoras que a atendera quando chegara, avisando que Dona Ada estava a sua espera. Então, foi convidada por uma das velhinhas que tinha ficado ao seu lado, para acompanhá-la. Elas, vagarosamente, caminharam por um corredor até entrarem por uma porta num quarto amplo e confortável, onde a dona da encomenda, Dona Ada, se encontrava recostada na cama entre várias almofadas de cetim, bordadas com muito capricho em fios de seda coloridos e dourados, visivelmente gastos pelo uso.

– Entre, minha querida, não repare não recebê-la em pé, é que hoje as minhas pernas se recusaram a sair da cama, e o que eu pude fazer? Tive que concordar com elas, ora!

– Não se preocupe com isso, senhora Ada, se eu

tivesse lindas almofadas como essas, eu também iria preferir ficar entre elas – respondeu, com o mesmo bom humor da velha senhora.

– Sente-se, por favor, fique à vontade. Estas são Inês e Estelita, eu as chamo de irmãs queridas. Estão sempre aqui comigo, não é, meninas?

– Sim, eu sou a Estelita e esta é a Inês, que tem preguiça de falar e só fica ouvindo.

– Como vai? – perguntou Inês timidamente, com um sorriso nos lábios.

– É um prazer conhecer todas as senhoras. Dona Ada, eu vim até aqui para lhe entregar uma encomenda da parte do Senhor Patrício de Azevinhas e da Senhora Maria de Azevinhas, pessoas que conheci numa excursão...

Dona Ada abriu o pacote e exclamou, feliz:

– Ah! São meus sobrinhos de segundo grau. Estas são fotos do meu tempo de juventude e um livro que estavam guardados com uma outra tia deles, minha prima, que a última vez que a neta dela me visitou eu pedi para alguém me trazer. Obrigada, minha filha, como você se chama?

– Celina, Dona Ada.

– Ah, minha boa Celina, muito obrigada por ter

trazido essas fotos. Vou poder agora relembrar com mais precisão como eram as coisas. O tempo apaga da memória alguns detalhes, algumas coisas que as fotos ajudam a lembrar e muitas outras coisas, até as roupas, sabe? Algumas eu me lembro até da cor e do tipo de tecido, quando fui comprar e escolher, da costureira e onde eu fui passear com ele, não é interessante? Mas sente-se, por favor, você aceita um chá? Minhas amigas podem providenciar.

– Não, senhora, muito obrigada, não quero demorar, quem sabe um outro dia.

– Mas me conte, como conheceu os meus primos?

Ada, Estelita e Inês são três senhorinhas bem velhinhas e muito animadas. Já passaram dos noventa anos e estavam lúcidas e alegres como se ainda fossem jovens. Estavam arrumadas com esmero e cheirosas, usavam pó-de-arroz e batom como se fossem sair para um chá numa confeitaria fina. Eram tão divertidas, que Celina nem sentiu o tempo passar. Ao se despedir, se ofereceu para trazer algo para elas numa próxima visita, que prometeu fazer brevemente. Estelita pediu balas de goma, Inês pediu biscoitinhos franceses e Ada só pediu para que ela viesse ler um romance para elas.

– Como nos tempos em que éramos mocinhas

e bordávamos nossas roupas, nossos enxovais, juntávamos amigas e primas para bordar e cada dia uma de nós lia uma parte de um romance, para não pararmos nossos bordados. Era assim que a gente se divertia, ouvindo o rádio e lendo romances, mas agora tudo é diferente: as mocinhas não conseguem arrumar tempo para ler, e bordar, nem pensar. E o romantismo e o gosto pela leitura, em nós, não passaram, não é mesmo, meninas? Os olhos é que já não ajudam muito, então ficamos contentes quando alguém aparece para conversar, nos fazer companhia ou ler para nós, nem que seja apenas uma revista e algumas notícias curiosas dos jornais ou um pequeno conto – falou Ada, com os olhos brilhantes de lembranças boas. – Nós sempre conversamos sobre isso. Como seria bom se alguém viesse ler para nós.

Celina surpreendeu-se com o inusitado pedido, mas ficou muito feliz de proporcionar algumas horas de distração para aquelas pessoas tão simpáticas.

– Está bem, então, eu voltarei com as balinhas de goma, os biscoitinhos franceses e o romance. Agora, as senhoras me dão licença, mas preciso ir, é que eu moro do outro lado da cidade. Da próxima vez, venho de carro, assim não terei tanta preocupação em tomar o metrô não muito cheio.

– Você veio de metrô, Celina? Ora vejam, eu

nunca andei de metrô, dizem que anda num túnel por baixo da terra, deve dar um medo, não?

– Não, o que assusta, às vezes, é a rapidez com que ele anda, mas quem anda todo dia, acostuma e vai dormindo.

– Pois é, se eu fosse mais nova, iria querer andar de metrô.

– Quem sabe, não é, qualquer dia vamos nós quatro?

E as três, como crianças, riam de tudo e se divertiam, com certeza, de se imaginarem andando de metrô. Eram como crianças, tudo as divertia de uma forma pura e ingênua.

Inês e Estelita foram lá fora, acompanhar Celina até a saída.

– E vocês? Também ficam aqui nesta ala com Dona Ada?

– Eu fico no final do corredor, no penúltimo quarto, e Inês fica na ala de trás, de frente para o pomar.

– Bem, minhas queridas, qualquer hora vou conhecer os seus quartos, se me convidarem, é claro.

– Será um prazer – respondeu Estelita prontamente.

Celina teve a impressão de que Inês não teria

esse prazer, enfim, devia ser só impressão. Foi andando até o enorme portão de entrada e saiu daquele lugar tão plácido e nem tão triste como parecera à primeira vista e que guardava muitas histórias bem vividas.

Enquanto isso, no quarto, Dona Ada abriu o pequeno pacote que trazia um livro de capa de couro marrom, um pouco gasta pelo manuseio, junto com algumas fotos desbotadas pelo tempo e, entre as páginas do livro, uma carta já amarelecida assinada pelo seu saudoso amigo Dr. Madeira Leme. Lágrimas de saudade rolavam pelo rosto de pele macia e enrugada. Depois, analisou uma a uma as fotos que a fizeram suspirar profundamente, relembrando momentos bons e alegres de sua mocidade. Ouvindo barulho no corredor, embrulhou tudo rapidamente e escondeu embaixo das cobertas, enxugou o rosto, disfarçando um sorriso para a enfermeira que veio lhe trazer a medicação.

Celina voltou para casa mais leve e muito, muito feliz. Descobriu uma motivação de verdade. Iria fazer companhia e ler romances para as velhinhas. Seria uma voluntária, consciente da importância desses momentos para essas pessoas que já fizeram a sua parte e agora estão ali, ainda sorrindo para a vida.

Dia seguinte, por volta de duas horas da tarde, uma Celina sorridente entrou pelo amplo quarto de Dona Ada, que na realidade não saía mais da cama, mas isso não tirava nunca o seu bom humor. Isso foi uma das primeiras coisas que aprendeu com as novas amigas. "Aconteça o que acontecer, nunca perca o bom humor" diziam sempre.

Após cumprimentá-las, abraçando-as e beijando-as carinhosamente, como se as conhecesse há muito tempo, passou a lhes entregar as balas de goma e os biscoitinhos franceses.

Em seguida, foi se acomodar numa poltrona perto da janela. Respirou fundo, sorriu novamente para as atentas amigas e abriu um romance que trouxera consigo.

Estelita e Inês sentaram-se num pequeno sofá de dois lugares e, com os olhinhos brilhando, esperavam ansiosas que a nova amiga começasse a leitura.

E ali começava uma nova vida para Celina.

Abriu o livro que trouxera e, quando ia começar a ler, Ada falou:

– Por favor, querida, estou com vergonha de pedir, afinal, você trouxe um livro tão bonito, deve ter uma bela história, mas você se importaria de ler um romance que tenho guardado há muito tempo? Estelita, pegue-o na última gaveta, por favor. Desculpe-me, mas este é aquele romance que estava guardado com minha prima e você o trouxe junto com as fotos, ele é muito importante para mim, você entende?

– Claro, Dona Ada, não seja por isso, vamos ler o da senhora.

3

O LIVRO

Celina pegou o livro de capa de couro marrom e, ao abri-lo, observou que dentro estava uma fita marrom separando duas páginas. Olhou o título: *No Compasso da Valsa.* Autor: Ângelo A. Mig. Em seguida, começou a ler:

As penas negras do boá de plumas que madame Loraine levava ao pescoço sacudiam-se, acompanhando os movimentos da elegante senhora enquanto se dirigia ao outro lado do salão ricamente decorado com cortinas adamascadas em verde musgo e voal branco, almofadas de veludo vermelho e pompons dourados combinando com antigas pinturas, também ricamente emolduradas em ouro. O salão ao lado guardava uma lauta mesa de variados pratos caprichosamente decorados com frutas tropi-

cais e alimentos exóticos trazidos de outros países. Nos dois lados do piano de cauda, elegantemente vestidos, sorridentes, o casal Dom Rodrigo de Passos Diaz e Amelie Delacroix, acompanhados de sua filha Nicole e mais alguns convidados que, demonstrando satisfação, observavam a graça e a elegância daquela dama tão fina, que pediu a palavra dando boas-vindas aos amigos com gestos delicados e graciosos e muita alegria. Amelie e Nicole, mãe e filha, também estavam elegantemente vestidas com rendas parisienses e ricas joias de família. Muitos outros convidados presentes receberam as boas-vindas daquela elegante dama, dona da mansão que recebia a mais alta sociedade com frequência para alegres reuniões culturais. Algumas dúzias de pessoas, amigos e convidados vindos de outras terras, também ricamente vestidos, desdobravam-se em elogios à grande dama. Quando estavam todos devidamente cumprimentados, madame Loraine bateu leves palmas e fez sinal ao pianista para dar início ao sarau daquela noite. Juntou-se ao pianista um belo jovem ao violino, que fez imediatamente estremecer o coração não só de Nicole, mas de todas as mocinhas presentes no salão. A jovem já o havia ouvido tocar seu violino, em outras reuniões, e a cada oportunidade seu coraçãozinho jovem e inexperiente batia com mais força, retumbando seu amor tão alto, que parecia que ecoava pela sala. Inebriada pelo momento, fechou os olhos e sorveu cada nota daquela melodia, enquanto suas mãos, cobertas pelas rendadas luvinhas, transpiravam. Empalidecida de emoção, parecia que ia desmaiar balançando levemente o corpo para a frente e para trás, enlevada pela maravilhosa música.

– Ah! Que bela história! Não me canso de ler, reler, é um pouco triste, mas é a minha história preferida, a música, a incompreensão do meu pai... – interrompeu Ada com olhos úmidos.

– É mesmo, ela sempre conta que conheceu o Ramiro assim, num sarau.

– E ele também tocava violino acompanhando um maestro ao piano em reuniões, saraus, festas de aniversário e casamentos – assim, lindamente falaram as amigas de Ada, uma seguida da outra.

– Quer que eu pare e procure outro livro mais alegre, mais moderno, Dona Ada? Essa é uma história passada no século dezoito... – falou Celina, já preocupada com a senhorinha tão frágil envolvida pela emoção.

– Não, minha querida, recordar é viver. É bom lembrar do que foi bom, mesmo que tenha sido curto, não é? E depois, este é um livro muito importante para mim, algum dia eu lhe contarei por que, repare que ele está até gasto, de tanto ser manuseado.

– Sim, mas a senhora não precisa sofrer, o romance é só para distrair.

– Eu não estou sofrendo, minha querida, estou amando outra vez na lembrança, revivendo lindos momentos, os maravilhosos saraus que frequentei. As lindas músicas que ouvi e com que me comovi, as roupas maravilhosas, as joias, os perfumes franceses, homens e mulheres lindas, fúteis, é bem verdade, mas isso é que é viver, na concepção de uma jovem ainda mergulhada nos sonhos da juventude em qualquer época, e lembrar é reviver, mesmo que nos leve às lágrimas. Elas são de alegria por termos vivido, e não de tristeza por não termos experimentado um pouco de futilidade e o amor verdadeiro. Além do mais, as partes tristes devem sempre ser relembradas e observadas para não recairmos nos erros novamente, mas não precisamos pensar nelas o tempo todo, senão nos tornaremos pessoas amargas e tristes.

Inês movimentou-se inquieta.

Ada suspirou profundamente e pediu que Celina continuasse a leitura.

Uma névoa passou diante dos olhos de Nicole que...

– Espere aí, minha querida. Desculpe interromper, mas quero lhe contar como conheci o Ramiro, depois a gente continua o romance.

Sabe, Celina, aos treze anos, meu pai me deu em casamento para o Eduard, fino rapaz descendente de um dos Barões do café, como era muito comum naquela época. Assim as fortunas só se multiplicavam. Eduard era um moço muito educado. Estudava na Europa e falava várias línguas, além de herdar o título de Barão, o que, se eu casasse com ele, me faria uma Baronesa.

Pois bem; dos treze aos quinze anos, aceitei tudo com a maior naturalidade, Eduard estava sempre fora do país e eu bordando peças e peças de enxoval, como convinha a uma moça prometida naquela época. Os planos para a festa em grande gala seguiam em frente, nos mínimos detalhes, caprichosamente organizados pela minha mãe, com toda satisfação de me oferecer o melhor. O vestido, ela mandou vir da Europa, todo confeccionado em renda francesa, a longa viagem de navio programada pelo meu pai e Eduard, etc. E debutei, pouco antes dos quinze anos, numa festa oferecida pela amiga de mamãe, Dona Verônica, na qual foram convidadas todas as pessoas importantes da cidade e para a qual, Eduard veio da Inglaterra para festejar comigo o meu ingresso na sociedade. Senti-me deveras lisonjeada com tanto desvelo, só que logo em seguida ele embarcou no primeiro navio, deixando-me solitária novamente, dando para imaginar que o meu casamento com ele seria mais ou menos isso, ele viajando e eu esperando, e isso fazia com que nem tivéssemos nada em comum para conversar. Nos poucos momentos em que nos afastávamos dos outros convidados e ficávamos a sós, abria-se um grande buraco entre nós, sem nada para dizer um para o outro, mas era assim mesmo naquele tempo de casamentos arranjados. Passado algum tempo, acompanhada sempre de papai e mamãe, comecei a frequentar as grandes salas de concerto, para instruir-me, dizia papai, como convém a uma dama e futura Baronesa. Não perdíamos também ricos saraus e, em consequência, comecei a reparar em outros moços que me olhavam nessas festas e reuniões, que me faziam galanteios disfarçados, me mandavam discretamente livros de poesias com flores entre páginas, com palavras grifadas, sugerindo uma declaração de amor, um convite... Aí comecei a sentir a minha vaidade de mulher crescer e ser atingida pela paixão e pelo desejo de descobrir todos aqueles sentimentos que lia nos romances. Alguns, eu lia escondidos do meu pai, afinal, eu era uma menina na flor da idade, de educação severa, mas com uma imensa curiosidade de descobrir a vida. Até de querer ver um homem de peito nu, sem camisa, me passava pela cabeça, imagine só como eu era ousada! Hoje em dia, a televisão vive mostrando todo o tipo de coisa, dá todo o tipo de informação; Não há mais curiosidade, tudo está aí para quem quiser ver e ouvir, não é mesmo? Mas isso já faz quase cem anos, não se esqueça, minha querida, os tempos eram outros – fez um sorriso maroto enquanto fechava os seus olhinhos azuis sonhadores e continuou a contar:

– Pois bem, num destes saraus, como ia lhe contando, conheci o Ramiro, um moço fino, um músico que mais tarde, vim a saber, saiu do Brasil e foi para a Europa, onde fez muito sucesso. Mas durante o tempo em que o meu noivo estava viajando, o Ramiro me fazia a corte discretamente, como se dizia naquele tempo. Ele me namorava de longe, mandando recadinhos informando onde iria tocar, pelas minhas amigas, me mandou alguns livros, até me mandou um convite oficial para o meu pai, de um recital onde ele iria tocar, para ver se eu convencia os meus pais a me levarem. Ele tocava certa música sempre que eu estava presente e me olhava nos olhos, dando a entender que aquela era "a nossa" música. Que ele estava tocando só para mim, e é claro que, como mocinha apaixonada, eu me derretia toda e muitas vezes até chorava de emoção disfarçada.Certa vez, até deixou uma flor em minha janela, e eu nunca soube como ele conseguiu essa peripécia, mas conseguiu e eu me senti a mais importante das mulheres naquele momento, e é claro, cada vez mais apaixonada por Ramiro. Mas o fato é que todo este romantismo, comparado à obrigação imposta por meu pai de um noivado frio e distante que eu tinha com o Eduard, me levava ao desespero de menina-moça sonhadora, natural da idade. Ainda mais que o nosso noivado era só formalidade, não existia nenhum romance, nenhuma demonstração de carinho espontâneo. Não passava de algumas cartas muito formais e distantes, sem emoção nenhuma, apenas para justificar o nosso compromisso, e isso me enlouquecia cada vez mais, me fazendo ficar doente de cama. Tentei de todas as maneiras convencer o meu pai a desmanchar o compromisso de noivado, mas ele foi irredutível, não queria nem saber de me dispensar da palavra dada. Para ele, os seus negócios vinham em primeiro lugar e eram mais importantes que a minha felicidade. A sua palavra estava sempre acima do bem e do mal, acho que ele, por vezes, se sentia um deus. Aquela situação foi se tornando insuportável, foi virando dentro de mim uma raiva crescente, uma dor terrível de quem se vê amarrada a uma pessoa que não amava e de quem não conseguia se desvencilhar. Mas meu pai foi irredutível e...

Nisso, o telefone celular de Celina tocou e ela

teve que interromper a conversa. Em seguida, pedindo mil desculpas por ter que deixar para a próxima vez a continuação da história de Dona Ada, que parecia muito interessante, se despediu de todas rapidamente, pois precisou sair para resolver alguma coisa.

– Dona Ada, nem que seja todo dia um pouquinho, a senhora, por favor, me conte esse romance que a senhora viveu. Adoro ouvir histórias. Se a senhora permitir, trago até um gravador, pois não quero esquecer uma só palavra e, quem sabe, com a sua permissão, é claro, gostaria de escrevê-la. Mas agora preciso sair para um compromisso, me desculpem.

– Está bem, como você quiser, minha querida, pode escrever o que achar interessante, mas não vamos parar o que estamos lendo, não; este livro é muito importante para mim, ele é a minha história preferida do tempo da minha juventude e, além do mais, felicidade não faz mal a ninguém. Recordar é viver, como diz o antigo ditado.

– Está certo, então. Cada dia um pouco das histórias; mas também poderemos ouvir as de Dona Inês e Dona Estelita, e por que não?!

– Então vai ter muito que ouvir, afinal, todas nós temos mais de noventa anos, já pensou? São quase trezentos anos de vida e, é claro, de histórias. Puxa vida!

Riram as três com alegria, um pouco maliciosas, acompanhadas de Celina, que estava encantada com as novas amigas e admiradíssima com a lucidez delas.

– Será um prazer, podem crer. Olhem, se eu não puder voltar esta semana ainda, estarei aqui na semana que vem, está bem? Tenho alguns assuntos em mãos de advogados, que ainda tomam um pouco do meu tempo.

– Estaremos aguardando. Pode acreditar que não sairemos daqui – falou Estelita, rindo da própria piada.

– Gostariam que eu trouxesse alguma coisa?

– Ah! Eu quero sim, mas não sei se vai conseguir encontrar. Minha mãe era descendente de australianos e fazia uns pãezinhos muito gostosos de cevada. Eles ficavam bem macios e saborosos. Esta noite sonhei com mamãe fazendo pãezinhos, até senti o cheirinho de pão saindo do forno.

– Está bem, Dona Ada, vou procurá-los para a senhora.

– Se der muito trabalho, deixe.

Celina se despediu mais uma vez, fazendo um leve aceno, e saiu pela porta deixando as senhoras pensativas, talvez cada uma relembrando o seu passado.

Em seguida, as outras duas foram para os seus quartos aguardar a hora de jantar, que naquele lugar era servido antes do anoitecer.

Na terça-feira seguinte, Celina entrou sorridente pelo quarto de Dona Ada, que se encontrava cochilando na penumbra. Ia dando meia volta para sair, quando ouviu sua voz ainda firme convidando-a a ficar.

– Ia embora assim, sem falar comigo?

– Como vai, Dona Ada? Pensei que estivesse cochilando um pouquinho e ia esperar que a senhora acordasse, lá na sala de visitas, folheando uma revista.

– Na verdade, quando estou só, cochilo o tempo todo, mas não gosto; prefiro conversar, já me sobra pouco tempo de vida e não vou usá-lo dormindo, não é mesmo?

– É, parece que a senhora tem razão. As nossas amigas, foram passear? Não as vi quando cheguei.

– Provavelmente estão lá no jardim ou no quintal, vendo a horta e o pomar. As laranjeiras floresceram e o perfume é muito gostoso. Às vezes, até sinto aqui do meu quarto.

– Olhe, trouxe os pãezinhos australianos. Provavelmente não são tão saborosos quanto os pãezinhos que a sua mãe fazia. Para lhe falar a verdade, eu não os conhecia e nem tinha ouvido falar deles e os achei deliciosos, de um paladar muito delicado.

– Humm, parecem deliciosos e estão macios como os que a mamãe fazia. Vou comê-los com geleia de damasco e chá de maçã. Muito obrigada, minha querida, por me proporcionar esses prazeres.

– Que prazeres, Dona Ada?

– Os prazeres da sua companhia carinhosa; o prazer de comer o pãozinho que a mamãe fazia, o de ler um romance antigo e ainda de você querer ouvir a minha história, veja só, sem falar na sua presença que nos ajuda a não esquecer que há muita vida ainda, fora deste lugar.

– Pois acredite, esses prazeres a senhora é que está me proporcionando.

– Ei, que tanto "rasgam seda" vocês duas, em? Esqueceram de nós, é?

Entraram pelo quarto, sorridentes, Inês e Estelita, indo na direção de Celina para beijar-lhe as bochechas e dar-lhe boas-vindas, demonstrando muita alegria em vê-la.

– Faz tempo que você chegou? Por que não mandou nos chamar?

– Acalmem-se, meninas, eu acabei de chegar e trouxe os pãezinhos que Dona Ada pediu e era disso que falávamos. Não fiquem com ciúmes, estarei aqui sempre que puder para atender a todas e aqui estão as coisinhas que me pediram também.

Elas riram alegremente enquanto Celina entregava balas de goma e biscoitinhos franceses para Estelita e Inês, que os receberam alegremente, como crianças.

– Vamos continuar o romance ou as senhoras têm alguma novidade para me contar?

– Imagine! As novidades que sabemos são as que você deve ter visto na televisão. Sendo assim, não temos novidades, e é claro que vamos querer ouvir mais um pouco da leitura.

Todas falavam ao mesmo tempo, demonstrando uma alegre agitação. Enquanto se acomodavam no pequeno e confortável sofá, Celina abria o livro na página marcada com a fita marrom, onde tinha parado a leitura.

– Continuando de onde paramos...

...Uma névoa passou diante dos olhos de Nicole e o suor começou a lhe escorrer pelo rosto pálido. A mocinha ofegante tremia tanto, que sua mãe nervosamente apertou-lhe o braço com firmeza para fazê-la voltar à realidade abrindo os olhos e ver que

felizmente as pessoas que estavam ao seu redor ainda acompanhavam atentamente a música. Então se sentiu muito pior, ao se dar conta de que poderiam tê-la visto naquela situação, o que a fez corar de vergonha como se todas as pessoas ali presentes, tivessem realmente percebido o seu enlevo pelo artista. Não resistindo mais a tais sentimentos e sensações desconhecidas, saiu correndo, para se abrigar na penumbra do jardim. Sua mãe correu atrás e passou-lhe um sermão, tão trêmula e nervosa estava quanto a menina, mas por motivos diferentes, e ela temia muito as consequências desse ato.

– Que vergonha! Seu pai não vai lhe perdoar nunca. Você nos envergonhou publicamente, demonstrando para o violinista os seus sentimentos mais íntimos e vergonhosos de paixão; sentimentos esses, que nem depois de casada eu demonstro para o seu pai, pois ele me bateria na face e desdenharia a minha decência! Agora não sei o que fazer com essa situação, você enxovalhou o nome da nossa família, jogou a nossa dignidade na lama, e o pior é que temos que voltar para o salão. Ande, enxugue estas lágrimas e vamos entrar. Tome este lenço, enxugue o rosto, que o seu já deve estar encharcado – falou a mãe, nervosa, enquanto lhe estendia o pequeno lenço branco de linho, caprichosamente bordado com o seu monograma em linha de seda perolada.

Nicole chorava copiosamente. Não tinha coragem de voltar para o salão. Mas ainda teve um fio de voz para perguntar a sua mãe:

– Papai viu que eu estava de olhos fechados?

– Naturalmente! Foi ele quem viu e cutucou-me o pé para tomar a devida providência e arrancar você daquele transe. Prepare-se quando chegar em casa. Ele será capaz de lhe arrancar os olhos. Minha Virgem, nos proteja nesta hora.

Benzeu-se discretamente, demonstrando o medo e a submissão ao marido e senhor.

– Não fale assim, mamãe. Eu... Eu...

4

ESTELITA

– Meu pai também era assim, quando ficava furioso... – falou Estelita baixinho, como se falasse consigo mesma.

Celina interrompeu a leitura e descansou vagarosamente, sobre as pernas, o romance entrefechado pelos dedos, enquanto todas olharam a amiga com alguma surpresa. Estelita parecia ser a mais tímida e discreta das três.

Com voz baixa, mergulhada numa timidez quase incontrolável, mas com muita determinação, Estelita continuava a falar de si demonstrando como necessitava daquilo naquele momento, falar de si mesma, de sua vida, talvez nunca tivesse tido uma oportunidade como essa: a de colocar para fora, dividir com alguém as suas angústias e seu sofrimento. Devia ser muita coisa já que era muito tempo de vida.

– Meu pai era corretor de seguros, estava sempre viajando e, quando voltava para casa, a minha mãe não sabia o que fazer para contentá-lo e agradá-lo. Corria de um lado para o outro em busca de servi-lo, como se ele fosse um rei a nos visitar. Ela morria de medo dele e até o chamava de senhor. Muitas noites eu a vi chorar e soluçar solitária, pois num mês inteiro dava para contar os poucos dias que passava conosco. Ele era tão exigente, que nem o olhávamos nos olhos de tanto medo. Quando ele chegava, tínhamos que apresentar um relatório do nosso comportamento, aonde íamos e quem nos visitou, além dos boletins, é claro. Assim mesmo, só estudei o primário num rigoroso colégio religioso, o que era muito naquela época, já que a maioria das mulheres, para os pais e maridos, principalmente, não precisava saber mais do que ler a Bíblia e escrever o nome e muitas nem isso, ficavam analfabetas a vida toda. Eu e meu irmão tínhamos tarefas a cumprir, livros para ler, e ainda contar o resumo desses livros, geralmente biografia de santos ou de grandes vultos da história, que ele trazia e nos tomava como lição quando voltava. Assim nos mantinha sempre ocupados e amedrontados. O meu irmão, sim, era o orgulho dele. Sempre sorria ao vê-lo e enchia o peito ao dizer que o meu irmão iria levar o sangue e o nome dele em frente, para mim nem olhava, nem dava atenção, como se eu não fosse nada.

Enquanto falava, amargurada pelas lembranças, lágrimas escorriam pelo rosto marcado pelo tempo, mas nenhuma delas teve coragem de interromper aquele relato tão dolorido. Dava para ver que ela necessitava muito falar, pois as palavras saíam como se uma comporta tivesse sido aberta, e a força interior era tão grande, que não dava para parar no meio, por força de acontecer um colapso.

– Namorar, nem pensar; ele dizia que estava aguardando a hora de me apresentar uma pessoa que ele mesmo fazia questão de escolher, provavelmente algum filho de amigo. Não poderia ser um desconhecido qualquer, tinha que ser decente e de família conhecida. Você nem imagina, Celina, como era namorar no nosso tempo no começo do século vinte. Tudo era arranjado por interesse dos homens, as mulheres não podiam dizer nada, só obedecer. A gente achava que se casasse, seja lá com quem fosse, sairíamos daquele jugo apertado, mas era ilusão, as mulheres só trocavam de dono. Até acreditar no amor ficava difícil, conhecíamos só uns vizinhos de bairro e uns poucos parentes de amigas vizinhas quando eles vinham visitar a família, aí é que a gente namorava e ainda por cima de longe, por trás das janelas, mandando bilhetes e nunca tocávamos uns nos outros, nem um aperto de mão. Quase todas as moças de família passavam por isso e as que se revoltavam iam para o colégio interno ou convento depois de serem surradas com cinturões e tudo. Assim mesmo, muitas preferiam "cair na vida". Fugiam de casa, no meio da noite, e viravam dançarinas de cabaré ou alguma coisa assim, pois era para onde corriam para se abrigar. Muitas acabavam se "perdendo", como se dizia antigamente. Tive uma amiga que arrumou um namorado escondido; quando os pais descobriram o namoro, ela fugiu e foi viver com ele noutra cidade. Depois de um tempo ele a deixou por outra, alegando que se ela fugiu com ele é porque não era "moça direita" e, assim que aparecesse outro, ela faria o mesmo. Pura ignorância, pois a coitadinha nem levantava os olhos para nada. Daí, para não passar fome e ter onde morar, ela foi trabalhar numa casa de "mulheres da vida", como cozinheira, lavadeira e arrumadeira, pois não levava jeito para viver como as mulheres da casa, servindo os homens. Trabalhava feito uma escrava, pois a casa de mulheres funcionava a noite toda e o dia todo. Quase não havia emprego para mulheres a não ser em casa de família, de costureiras, e olhe lá. Quem estudava ia ser professora ou enfermeira, as solteiras que não casavam iam morar com outros parentes para cuidar das crianças e fazerem serviços domésticos, mas quem fugia de casa e era analfabeta, ou não terminava os estudos, ficava sem escolha. Virava escrava de alguma família que a explorava até a morte. Era muito difícil uma mulher viver naquela época e ainda mais sem ter estudado. Vivíamos sob o tacão dos homens que, na grande maioria, eram tiranos, tinham amantes e maltratavam as mulheres engravidando-as todos os anos, o que não deixava de ser uma forma de controle também. Todas as mulheres sofriam de uma forma ou de outra.

Parou de falar e respirou profundamente, enxugando as lágrimas enquanto sentia o alívio no peito por conseguir despejar toda aquela angústia guardada por tantos anos, aquela amargura que lhe tirou muitas noites de sono pela vida.

Em seguida, desculpou-se, um tanto constrangida.

– Me desculpem, mas eu sofri muito... Eu sei que o meu sofrimento não é o maior do mundo, mas é o meu, fui eu que passei...

– Eu imagino, Estelita, e pelo que estou ouvindo, você realmente sofreu muito, e você tem todo o direito de dividir conosco a sua dor. Realmente, nunca tinha ouvido algo assim, pessoalmente, sobre a tirania dos homens de antigamente. Já li alguns artigos, mas assim ao vivo como o seu depoimento, é a primeira vez. As mulheres de todos os tempos sempre sofreram e ainda sofrem na mão de homens tiranos, são umas heroínas, pois mesmo passando por tudo isso, ainda se mantêm firmes criando, protegendo seus filhos e educando-os para fazerem um mundo melhor.

– Você não nos disse que tinha um irmão, Estelita, você falou que era só e sem parentes... – Inês falou baixinho com ar de curiosidade.

– Eu sou só e sem parentes mesmo. Esse meu irmão morreu do coração antes dos vinte anos, quase dezenove, quando ainda estava servindo no quartel militar, no Tiro de Guerra. Foi um ataque fulminante durante um exercício puxado. Ele era quase dois anos mais velho do que eu. E minha mãe morreu, logo depois, de tristeza, menos de um ano depois. Eu fiquei com a minha madrinha, que me educou e sempre foi muito boa para mim e ainda me ensinou o ofício de costureira, o que deu para eu sobreviver. Meu pai não me dava valor porque eu nasci mulher e, depois de tudo isso, sumiu também. Ele dizia, com muito orgulho, que o meu irmão é que iria continuar o sangue e o nome dele, a raça dele, e que filha mulher não tinha valor, que não ia criar filha para entregar para outro homem. Assim, ele também nunca se conformou com a calamidade que se abateu em nossa família. Mandou algum dinheiro para mim por um portador, que o entregava a minha tia; mas só duas vezes. Minha madrinha nunca deixou me faltar nada, mas nunca mais vi meu pai, nem sei quanto tempo viveu. Para ele eu não era nada.

– E você nunca pensou em se casar, ter filhos, formar a sua família e dividir um pouco de amor com eles?

– Casei cedo, sim, mas não tive filhos. Meu marido não era lá grande coisa, um dia foi embora com uma mulher rica e mais velha do que ele, vagabundo, sem vergonha!

Por uns momentos, todas ficaram em silêncio e em seguida gargalharam da sinceridade da amiga. E Estelita continuou...

– Aprendi com minha madrinha o ofício de costureira. Ela só costurava para as madames da sociedade. Ela era uma famosa modista e me ensinou tudo o que sabia. Tornei-me tão boa costureira quanto ela, todos conheciam e elogiavam o nosso trabalho. Fiquei famosa naquele bairro, mesmo depois que ela parou de costurar. Tinha clientes até no outro lado da cidade. Trabalhei em cima da máquina de costura dia e noite a vida toda, para esquecer a desgraça da minha existência. Fui rejeitada pelos dois homens da minha vida: meu pai e meu marido e também pela minha mãe, que preferiu morrer pelo meu irmão, sem se lembrar que eu iria ficar só. Cuidei com gratidão da minha madrinha até que tive que colocá-la numa casa como esta. Ela perdeu o juízo, saía de casa escondida e não sabia como voltar. De vez em quanto eu era avisada por alguém que a tinha encontrado em algum lugar e a traziam de volta. Uma vez pegou o bonde e foi parar no outro lado da cidade; por sorte uma cliente a viu caminhando pela rua e a trouxe para casa no carro dela com motorista e tudo. Coitadinha da madrinha, boa pessoa aquela, mas foi esquecendo tudo. Foi uma verdadeira mãe e amiga para mim. Nunca me abandonou. Fomos sempre boas companheiras, mas como eu tinha que trabalhar e trabalhava muito, precisei interná-la e lá ficou até morrer, mas eu sempre fui visitá-la, e mesmo sem me conhecer mais, eu ia lá agradecer o amor e a dedicação que ela teve por mim. Depois foi a minha vez, quando não deu mais para costurar, fui ficando lenta, foram diminuindo as encomendas, fui perdendo as freguesas, até porque o progresso trouxe as lojas de roupas e o comércio começou a vender roupa pronta. Ninguém mais queria fazer roupa em costureira, não valia a pena. Até vestido de festa e de noivas se compra pronto hoje em dia, não é? Então eu resolvi me mudar para cá, como fiz com a minha madrinha. Aqui eu me sinto em casa. Todos me querem muito bem e não me sinto sozinha. Já me acostumei. Sempre têm visitas e bailes nas tardes de sábados. Adoro dançar.

– Que bom, Estelita. Você conseguiu encontrar a felicidade à sua maneira. De uma forma simples, em pequenas doses e nas pequenas coisas. Mas você poderia ter casado outra vez...

– Deus me livre!

Todas riram muito da expressão de quase pânico da amiga. Estelita tinha aquele jeito simples de falar, muito espontânea e engraçada.

– Homem dá muito trabalho. Só é bom para dançar e ainda assim, não são todos. Não gosto de homem que tem muito suor. Incomoda, fica escorrendo e fica toda hora passando lenço no rosto, enxugando as mãos, que coisa chata!

5

CONTINUANDO A LEITURA

Celina se divertia muito com as novas amigas, e nem percebia o tempo passar. Era muito gostoso ouvi-las contar suas vidas, dava até para escrever um livro mesmo, tão ricas eram as suas experiências. Depois de alguns encontros, Celina passou a escrever tudo o que ouvia delas em um caderno, quando chegava em casa, depois, para ficar mais fácil, passou a gravar, assim não perdia nenhuma palavra.

– Vamos voltar ao livro novamente, tudo bem, Estelita? Adorei ouvir a sua história, também é muito interessante; vê se consegue se lembrar de mais algumas coisas para nos contar, vai ser muito bom desabafar e dividir as tristezas. Os amigos não são só para as horas de alegria, não se preocupe e nem fique constrangida, sempre que quiser falar alguma coisa, fale, fique à vontade. Ficará muito mais aliviada. E as experiências das pessoas devem servir de exemplos para a nossa vida. Mesmo sabendo que cada pessoa é um indivíduo com sua personalidade própria, podemos sempre tirar belos exemplos que nos servirão em momentos semelhantes, além de aliviar o peso e a angústia que levam no coração, ao desabafar.

Todas concordaram pensativas, sacudindo as cabecinhas brancas como algodão.

Olhou o relógio por alguns momentos e falou:

– Ainda tenho um pouco mais de tempo livre hoje.

– Sim, vamos voltar ao romance – falaram juntas.

...A família Passos Diaz se despediu de todos os presentes, dando uma desculpa, que a filha não estava se sentindo bem, pois tinha passado muitas horas no jardim bordando e devia ter apanhado muito sol. Por isso estava febril e com tonturas. Logo que repousasse um pouco, com a testa coberta por compressas de água fria, se sentiria melhor, com certeza. Todos foram muito solícitos com a menina Nicole,

desejando-lhe prontas melhoras. Muito rapidamente a família embarcou no carro puxado por uma parelha de cavalos negros e arreios de prata, e num silêncio quase fúnebre, onde só se ouvia o trotar das patas e o bufar dos animais na noite quase vazia e fria, rumaram em direção à vila.

O carro tomou o caminho mais curto para a fina residência, o que não impediu de parecer um trajeto interminável. Ao chegarem, mal os cavalos pararam diante da imensa porta de madeira talhada, Nicole desceu antes dos pais e atravessou correndo o imenso salão segurando as saias fartas e subiu as escadas com o rosto banhado em lágrimas.

Seus pais entraram discutindo com palavras ásperas, que podiam ser ouvidas por todos os cantos da imensa casa senhorial. Entraram para o escritório para não serem ouvidos pelos criados que, por trás das portas, não disfarçavam a curiosidade daquele inusitado acontecimento.

– A culpa é da senhora que não orienta a vossa filha! Não lhe dá uma educação adequada para se comportar e ter condições de se casar. Uma moça da nossa nobreza não pode sequer levantar os olhos para um homem qualquer, pelo qual não foi apresentada e não seja íntimo da família, quanto mais demonstrar desmaios e chiliques em pleno salão, durante uma

apresentação. Isso é um insulto a minha pessoa! Estou acabado, fui desmoralizado publicamente. Neste momento, com certeza, estou sendo enxovalhado pela sociedade.

– As pessoas nem notaram...

– Não me interrompa! E não me diga que não notaram, porque em sociedade tudo se vê e tudo se sabe! Eu já tinha oferecido sua mão ao Duque Bellatorre, que por sinal, ficou muitíssimo interessado, já que está à procura de uma jovem fina e educada como nossa filha, para casar e ofertar seu título.

– Mas ele é muito velho! Já enviuvou duas vezes, e o senhor tem a coragem de fazer isso com a nossa menina?

– Deixe de romantismo, senhora, e não me fale bobagens! A senhora deve pensar é que, quanto mais velho for o pretendente, mais chances a nossa filha tem de ficar com toda a fortuna dele com a sua morte, e ainda ganha um título de duquesa.

– Mas a nossa filha é que vai morrer de tristeza, se o senhor a obrigar a esse casamento com esse velho senhor...

– Deixe de romantismo, senhora, já disse e não se discute mais! Amanhã mesmo mando um mensageiro para convidar o Duque Bellatorre para acertarmos tudo, antes que ele venha a saber desses com-

portamentos indecorosos de nossa filha. Assim, ela casa e deixa de ser nossa responsabilidade...

– Não faça isso, eu lhe imploro, senhor.

– Vá para a capela fazer suas orações e em seguida vá dormir. Nem pense em ir ao quarto de Nicole, aliás, até que eu autorize, ninguém entra lá e ela estará de castigo até que eu decida o seu destino, com ela eu me entendo! E não demore com as suas orações! Estou cansado e quero dormir logo!

Em seguida, subiu até o quarto da filha, tomou a chave e trancou a porta pelo lado de fora, colocando em seguida a chave no bolso, descendo novamente para o escritório.

– Tempos difíceis aqueles. Não podíamos casar por amor, só por escolha dos pais.

– Mas também havia casais que realmente se amavam e permaneciam juntos por amor e com amor a vida toda. Eu conheci alguns.

– Mas esses eram predestinados por Deus – dialogaram Inês e Ada.

– Você acredita em alma gêmea, Celina?

– Bem que eu gostaria de crer, seria mais romântico. Mas pelo que li num livro chamado *O Livro* *dos Espíritos**, sobre Espiritismo, não existem almas gêmeas, e sim almas afins, com semelhança de ideais, que já reencarnaram muitas vezes juntas, e é por isso, de acordo com o grau evolutivo, que ao se encontrarem se restabelece imediatamente o elo de amizade, afinidade e amor entre ambas, proporcionando essa aura "mágica" de felicidade, tão invejada por aqueles que ainda não conseguiram esse intento. Eu também não tive muita sorte na minha escolha e nunca encontrei ninguém que me fizesse constatar que essas belas almas existem, mas devem existir. Eu não conheço nenhum casal que faça esse par, todos têm mais problemas do que amor entre eles. Pelo menos os casais que conheço, ou com quem eu convivi – falou Celina com um pouco de desencanto na voz, enquanto fechava e guardava o livro numa pequena estante no canto do dormitório.

– Bem, queridas amigas, eu vou parar a leitura por hoje. O tempo promete chuva e eu quero estar em casa quando isso acontecer. Alguém gostaria que eu trouxesse alguma coisa?

– Ah, eu gostaria de suspiros em vez de balas de goma, pode ser?

– Claro! E a senhora, Dona Ada?

---

* perguntas 297 a 303 – Nota da Autora.

– Primeiro quero que você me chame de Ada, assim como à Estelita e Inês e depois seria uma alegria muito grande comer novamente pãezinhos australianos. Celina, você não imagina o que é saborear aqueles pães com geleia de damascos e chá de maçã. É muito bom...

– Gostaria que eu trouxesse também o chá e a geleia?

– Não, não! Aqui temos todos os chás de que gostamos, obrigada. Alguns até de ervas frescas, plantadas na horta, e a geleia eu ganhei um pote de uma prima que veio me visitar faz pouco tempo e ainda tem bastante, obrigada.

– E a Inês, tão calada ficou hoje? O que gostaria que trouxesse?

– Não é nada, minha querida, está tudo bem, é que as leituras sempre deixam a gente pensativa, relembrando o passado, não é? Você não precisa me trazer nada, só se quiser trazer algum biscoitinho para o chá, mas não precisa se preocupar, viu?

– Está bem, então eu vou indo antes que a chuva chegue. Semana que vem eu volto e até lá vou ficar com saudades.

Celina se despediu de todas, com beijos e abraços apertados, o que fazia a alegria geral.

No quarto de Ada, as três amigas ficaram se olhando sem dizerem nada, até que Estelita falou:

– Eu gosto muito dessa moça, mas vocês não acham estranho que ela venha duas vezes por semana aqui passar as tardes conosco e ainda traz presentes?

– Eu acho isso ótimo; é pena que ela não venha todos os dias!

– É que o coração dela está machucado e, para isso, a melhor coisa é fazer curativo em outros corações... – falou Ada mais para si do que para as companheiras.

– Mas olhem só, o que fazem as minhas garotas reunidas e falando baixinho? Estão planejando fugir para o baile hoje à noite?

– Oh, Dr. Paulo, como vai? Da última vez que o senhor veio nos ver, me esqueci de lhe contar que fico muito nauseada com aquele remédio que me receitou.

– Tudo bem, a Clarissa já tinha anotado na sua ficha e já providenciei a troca, está bem? Agora vamos verificar a pressão de todas e ver como estão esses corações apaixonados. Enquanto isso, me contem as novidades...

– Dr. Paulo, você precisa conhecer a Celina.

– Celina, quem é Celina?

– Ah, é uma amiga querida, que vem agora passar umas horas conosco, lendo e conversando, não é bom?

E as três amigas ficaram contando, ansiosas, para o calmo Dr. Paulo, que as tratava com todo o carinho, as grandes novidades.

6

A VISITA DE DANÚBIA

O restante da semana foi de chuva intensa. A cidade ficou totalmente alagada e Celina achou melhor telefonar para as amigas da casa de repouso para saber como estavam e transferir para outro dia a visita. Elas acharam ótimo, pois havia a preocupação entre elas que acontecesse alguma coisa a Celina no trajeto. Elas acompanhavam pela TV tudo o que acontecia e estavam alarmadas com esse temporal que provocou enchente em toda a cidade, com muitos prejuízos, desabamentos e até mortes. Uma verdadeira tragédia. Só se falava nisso a semana toda. As senhoras da casa de repouso se reuniram várias vezes para orar. Celina telefonava todos os dias para saber delas e também para dar notícias, assim todas se acalmavam mutuamente. Danúbia também telefonava para a amiga, cheia de preocupação, ao saber das notícias pela TV, prometendo visitá-la na primeira oportunidade. Celina começou a sentir uma sensação diferente, ao perceber que várias pessoas realmente se interessavam pelo seu bem-estar. Isso era muito prazeroso.

Depois de alguns dias, a cidade foi voltando ao normal e se recompondo gradativamente.

Celina, então, voltou à casa de repouso e foi recebida com muita alegria entre abraços apertados e beijos sinceros, o que a comoveu profundamente. Os laços de amizade cada dia se fortaleciam mais. Distribuiu as guloseimas e sentou-se para ler. Tentou, mas não conseguiu, e para falar a verdade, nem abriu o livro, aliás, depois desse dia, conversavam mais do que liam. Havia uma necessidade delas, de colocar para fora aquelas velhas histórias de vida, guardadas ao longo dos anos, tão cheias de frustrações e sofrimento, superados só com a maturidade.

As senhoras estavam tão excitadas com todo o agito da semana, preocupações que as fizeram sair da rotina, que falavam ao mesmo tempo sobre as chuvas e os estragos. Cada uma contando um caso que ouviu na TV e como derrubou o muro de trás da casa de repouso, e como os pedreiros o reconstruíram rápido, e a tarde passou rapidamente, ficando para outro dia a leitura.

Mais uma vez Celina saiu de lá reconfortada com a energia positiva que emanava das suas amigas, que nem por um momento mostravam tristeza ou desencanto pela vida.

Danúbia veio visitar Celina e admirou-se com a mudança dela. Parecia até iluminada, com uma aura clara de paz de espírito.

– Mas como você está bem, minha amiga! Estou gostando de ver. O que anda fazendo?

– Ah, eu descobri que quando a gente se doa de verdade às coisas boas, mesmo que pequenas, a saúde e a alegria se multiplicam para a gente.

– Que papo estranho é este? Nunca a ouvi falar assim, aliás, já estava muito preocupada, você sabe. Pretendia até levá-la comigo e fazer um tratamento espiritual.

– Papo estranho nenhum, eu não lhe contei pelo telefone que continuei indo visitar as velhinhas da casa de repouso? Pois é. Descobri que quando vou ler para elas eu é que saio de lá plena de alegria e cada dia mais feliz com a vida. A gente conversa sobre a história do romance e as coisas parecidas que elas vivenciaram, é muito interessante.

– Olha que interessante! E eu que estava tão preocupada...

– Pois continue se preocupando, você sabe que estou carente de afeto e gosto de saber que se preocupam comigo.

– Não recebeu nenhuma notícia?

– Não, mas não faz mal, algum dia as coisas irão mudar e o meu filho vai amadurecer e vai querer saber de mim, com certeza, a vida é assim. Eu acredito nisso. A maturidade faz milagres. Mas me conte as novidades.

E as duas amigas ficaram conversando durante horas seguidas, sem perceberem o tempo passar.

E o tempo passou...

Celina continuou a sua visita à casa de idosos e, com a permissão delas, sempre levava o seu pequeno gravador, pois percebeu que não poderia perder os detalhes daquelas histórias, por nada deste mundo. Em casa, transcrevia para o computador. Era como se assistisse a um filme ou novela em capítulos e até passou a visitar as amigas mais vezes, quando tinha mais algum tempo livre. Quando Danúbia ligava para saber as novidades, só sabia contar o que tinha ouvido das novas amigas.

– Você não se cansa desse assunto, Celina? Achei que isso era só novidade, que com o tempo você voltaria para os velhos hábitos como ler, ver televisão, ir ao cinema, etc...

– Não há como cansar, elas representam a história viva do século passado! Não é incrível?!

– Pois para mim é mais uma história que se ouve por aí.

– Concordo que muitas coisas são semelhantes, afinal somos seres diferentes, complicados e paradoxalmente muito parecidos ao mesmo tempo. E depois, as histórias que a gente ouve por aí são contadas por terceiros, não pelos protagonistas, ou até inventadas corroborando com o ditado de que "quem conta um conto aumenta um ponto". Começa que são contadas assim: "no tempo da minha bisavó, no tempo da minha avó, a minha mãe contava que quando ela era pequena..." e com elas é diferente, pode-se tirar qualquer dúvida na hora, pois, como já disse, elas são as protagonistas, elas vivenciaram cada palavra contada, cada situação, podendo dar detalhes de como certas coisas eram ou funcionavam. Eu acho o máximo conhecer pessoas assim, histórias assim, estou adorando.

– Mas na maioria são histórias tristes, as mulheres não tinham direito nem de ser mulheres, quanto mais de estudar, opinar, votar, pensar, tinham que abaixar os olhos diante dos homens, aí, credo em cruz! Eu morreria se vivesse naquela época! Eu li que os homens, na sua maioria, quando as mulheres menstruavam, nem dormiam na mesma cama, e elas tinham que se reservar sob pena de estar "contaminando" ou "sujando" o que tocavam. Olhe que absurdo isso?! Que homens ignorantes do corpo feminino! E as escravas, não menstruavam? Pois se trabalhavam a vida toda de sol a sol dentro e fora da casa grande, sempre servindo!? Isso aqueles safados machistas faziam que não enxergavam e ainda as obrigavam a se deitar com eles, pobres mulheres...

– Enquanto as esposas deles passavam a vida grávidas e tendo filhos, elas praticamente nem menstruavam a vida toda, e as escravas, eram escravas, oras...

– E uma das provações mais difíceis é ser escravo, só pode ser.

– Com certeza, é uma provação das mais difíceis sim, mas ninguém tem o direito de tripudiar, de aumentar a prova do outro, mas essas infelizes eram transparentes aos olhos dos donos. Elas não existiam, "o serviço aparecia pronto". Elas não eram ninguém, nem coisa alguma para aqueles "donos de pessoas" sem escrúpulos, até acredito que alguns senhores eram humanitários, respeitavam aquela gente sofrida em estágio de aprendizado na sua evolução espiritual, que ofereciam mão de obra em troca de alimento, abrigo e, com muita sorte, na velhice, o descanso e um pedaço de terra. Mas isso era raro, pois, para a maioria dos fazendeiros, aquelas criaturas não passavam de objetos de uso. E para as mulheres, a prova era mais dura ainda, pois nem direito à maternidade elas tinham, muitas vezes eram vendidas separadas dos filhos e dos seus homens. Era muito triste ser mulher antigamente, ainda mais sendo negra e escrava. Só serviam para servir, mas com certeza a Justiça Divina é perfeita e, com a justa reencarnação, estes homens que agiram mal terão oportunidade de aprender a lição, principalmente voltando como mulheres, e pobres, é claro.

– Mas as brancas também sofriam muito nas mãos daqueles tiranos e, para falar a verdade, muitas mulheres de todas as cores e raças até hoje apanham e muitas morrem nas mãos desses brutos, as delegacias de mulheres estão cheias todos os dias. Ai, me revolta só de pensar; ainda bem que estamos no século vinte e um e já deu uma melhorada, ainda não está bom, mas um dia vai ficar. Deus é Pai...

Danúbia parou para respirar e Celina riu da empolgação um tanto indignada da amiga. Sempre que o assunto era defender as injustiças, Danúbia "subia no banquinho" e começava o discurso, quando não ia reclamar a quem de direito, com sua maneira um tanto extravagante de ser.

– E você acha que não viveu naquela época, minha amiga? Na época em que as mulheres não abriam a boca para nada? Por isso que você hoje é uma revoltada da condição feminina! Está revoltada, devia ser amiga íntima na anterior encarnação da Betty Friedan, aquela revolucionária de costumes, feminista assumida, do século vinte, lembra?

– Lembro sim, mas não sei se pareço com ela, acho que nem chego perto, e por que você me diz que vivi com ela em alguma época? Que história é essa? De tanto ir para a Casa de Idosos, já está ficando senil, Celina? O que é isso, minha amiga? Pensei que você me queria bem, eu, hem?

Celina não parava de rir com a espontaneidade e a irreverência da amiga que gostava de ir ao Centro Espírita, tomar passes, assistir a palestras de nomes ilustres, mas não era das mais adeptas aos estudos da doutrina. Daí tantas impropriedades quando falava de "justiça divina".

– É claro que não estou dizendo que você viveu literalmente com ela, estou falando que você é uma revolucionária de carteirinha, só isso. Na verdade, estou falando de reencarnação. De que a sua revolta deve vir de suas experiências anteriores.

– Ah, você me conhece, Celina. Eu sei que a gente reencarna, "vai e volta", toda a hora, o tempo todo, mas eu ainda não consigo me imaginar vivendo noutra encarnação, você sabe. Eu nem gosto de saber o que fiz ontem, imagine em outra encarnação, imagine só, nem quero pensar! Até porque, eu não aguentaria viver no passado, naquela época em que os homens maltratavam as mulheres.

– Mas é lógico que já viveu e deve ter apanhado muito, pois se até agora, que pensa com inteligência, é pura rebeldia, imagina quando não sabia nada de nada. Vivia levando pedrada como era o costume.

Danúbia, fazendo um gesto de deixa para lá, continuou:

– Já li em algum lugar, que houve época em que as mulheres eram equiparadas aos animais de carga, animais de trabalho, pode? Imagine eu, Danúbia, equiparada a uma mula de carga? Que negócio é esse? Como pode um ser que se acha inteligente, leia-se homem, ter a coragem de pensar assim de uma pessoa que, no mínimo, tem as mesmas características da sua própria mãe? Eles esquecem que nascem de um corpo feminino, de uma mulher que tem a capacidade de construir no seu interior com todos os detalhes, um corpo perfeito que pensa e cresce e se torna um ser completo crescendo, aprendendo sempre e evoluindo. Só pode ser uma pessoa débil mental, um desequilibrado, um déspota.

Danúbia falava gesticulando com sincera indignação, andando descalça de um lado para o outro sobre o tapete da sala, enquanto a amiga, enrodilhada no sofá, não parava de rir de tanta irreverência.

– Mas já melhorou para as mulheres em algumas coisas, fala a verdade, Danúbia; se bem que só em algumas situações, porque provavelmente, agora, a maioria daqueles machões está encarnada como mulheres e estão sentindo na pele, literalmente, as injustiças que eles próprios criaram, e é por isso que resolveram mudar a ordem das coisas.

– Você reparou, Celina, como depois que os homens saíram da barra da saia da mãe e foram morar sozinhos, principalmente após a lei do divórcio, eles inventaram todas estas máquinas maravilhosas que diminuíram tanto o peso da rotina das sofredoras que cuidam dos serviços domésticos? Umas maravilhas que, ao apertar seus botões, trabalham praticamente sozinhas? Mas infelizmente, de vez em quando, ainda se sabe de casos tristes pelos jornais, que ainda tem muita mulher apanhando por aí, de todas as classes sociais e mesmo com toda a revolução feminina e feminista, ainda é assim. Isto sim, me revolta de verdade... Mas também fico pensando se não são estas mulheres, aqueles mesmos homens de antigamente, postados agora, do outro lado para viverem a lei de causa e efeito e ver o que é bom "pra tosse"?! Vai saber...

– É a lei do retorno, minha querida, como eu estava lhe dizendo e como explicam muito bem os livros psicografados, principalmente os de Chico Xavier, pelo Espírito André Luiz e tantos outros que tratam muito bem o processo da reencarnação.

– É, espero que seja, sim, aqui se faz, aqui se paga...

– É assim mesmo, eu tenho certeza, estão em quase todos os livros espíritas. É pura lógica, não tem como contestar, é a Justiça Divina agindo, mas, na verdade, não é para se pagar, mas para aprender, vivenciando o aprendizado.

As duas se calaram e ficaram pensando por uns momentos e, logo em seguida, Danúbia retomou a conversa, perguntando:

– Mas voltando um pouco, o que eu quero saber é essa história de eu ter vivido naquela época, no século passado. Teve alguma intuição? Me diga. Você sabe que, ao mesmo tempo em que não me ligo nos estudos sérios, morro de curiosidade destas coisas. Queria saber quem eu fui noutra encarnação, acho que fui uma rainha ou uma sacerdotisa, o que você acha? Ah, outro dia me convidaram para uma "reunião de copo", você quer ir?

– Não me diga que você frequenta estas reuniões, Danúbia?! Nem me fale disso! Você ficou maluca, perdeu o juízo? Você não sabe que essas reuniões são muito perigosas? Você nunca leu ou ouviu falar que só os espíritos perturbados e inferiores se aproximam para se imiscuírem na vida das pessoas que se reúnem para esta brincadeira e só tratam de futilidades envolvendo e aconselhando para o seu próprio interesse em ficar com a pessoa refém deles mesmos? Existem pessoas que chegaram à beira da loucura com esta brincadeira perigosa. Precisaram até de tratamento de desobsessão! Tome juízo, Danúbia, você é uma mulher inteligente, não entre nessa. Eu sei que você gosta de brincar e inventar coisas, mas isso é muito sério mesmo, não vá. Lembra daquela palestra que assistimos juntas quando você esteve aqui da outra vez, em que o palestrante falava do perigo destas reuniões? Esta é uma brincadeira perigosa que pode custar um alto preço. Prometa-me que não vai frequentar estas reuniões, amiga. Prometa-me, vai!

– Credo, Celina, é só uma brincadeira! A Jerusa me convidou, mas eu disse que não iria, e agora só falei para brincar com você. Relaxa, você já me falou sobre isso e eu não vou mesmo, até porque sou medrosa. Fique sossegada quanto a isso, mas saber o que fui noutra vida, isso eu quero, sim.

– Claro! Até que saber quem foi em outras vidas é possível, sim, se bem que totalmente desnecessário, mas se procurar um profissional sério que faça regressões, dá para saber com certeza. O perigo é que a gente também sabe coisas que preferiria esquecer, mas enfim, tem gosto para tudo, se você acha que precisa disso para viver, vá em frente. Mas fique sabendo que nem sempre ser uma rainha é sinônimo de boa encarnação, muitas só se comprometeram mais ainda. Os títulos são armas perigosas que muitas vezes não conseguimos manejar.

Celina ficou muito séria e Danúbia se preocupou em desfazer o mal-entendido.

– Esqueça o que falei, Celina. Prometo de verdade que não vou à sessão do copo, pronto, não se fala mais nisso. Se acalme, credo! Não sei por que fui levantar esse papo doido, então me conte do livro que você está lendo para as velhinhas e esqueça o resto.

Danúbia tinha um temperamento agitado, de

boa índole e não se prendia a picuinhas. E mudou de assunto numa boa.

– Ah, é um livro muito antigo, que dá uma ideia de como viviam as mulheres de antigamente. Qualquer dia, quando me inteirar mais do assunto e você se acalmar, a gente conversa, senão vamos voltar ao assunto "mulher oprimida pelos homens e a sociedade", e vamos recomeçar a indignação. O que vamos fazer agora é comer alguma coisa, esta empolgação me deu fome. Tenho bolo de chocolate...

E por alguns segundos ficaram caladas, envolvidas nos seus próprios pensamentos, enquanto arrumavam uma mesa com algumas coisinhas para comer. Quando finalmente se sentaram, Danúbia perguntou:

– E aí, recebeu notícias?

– Recebi, mas não sei se foi boa ou não.

– Por quê?

– Porque ele se alistou na Marinha, e ao mesmo tempo em que fico feliz por ele, fico preocupada com a possibilidade de ele ter de ir para essas guerras horrorosas que mostram na televisão o tempo todo.

– Mas como foi que ele convenceu o pai? Pois

se ele o afastou de você para ter controle total sobre o menino e agora o deixa ir para a Marinha dos Estados Unidos, não entendi!

– Pois é... Talvez tenha sido a única maneira de ele se ver livre do pai também. E penso até que os pais norte-americanos, como é o caso, são muito menos sentimentais do que os pais brasileiros, por uma questão de criação e educação mesmo. E além disso, ele está na idade de autoafirmação, o que por um lado é bom e por outro é preocupante, pois é a hora de sair do ninho e voar com as próprias asas – falou Celina, com tristeza no olhar perdido no vazio, deixando transparecer a saudade do tempo em que o filho era o seu bebê.

– Credo! Como é complicado criar filhos, principalmente com pais separados e de nacionalidades diferentes. Cada um puxa o filho para si como se fosse uma boneca velha na mão de duas crianças. E os sentimentos do filho, como é que ficam?

– Pois é... Isso é o que temos que observar para não magoar as criaturas que mais amamos, mas é justamente onde a maioria dos pais se perde, agindo de maneira errada, ora soltando, ora prendendo demais. É difícil encontrar o equilíbrio e educar sem violentar a sua individualidade e para ajudá-los a crescer, é muito difícil.

– É nessas horas que agradeço o não ter filhos. Prefiro os meus cachorrinhos...

– Ai, não diga isso, Danúbia; isso é blasfêmia, preferir um cachorro a um filho.

– Ah, é modo de falar, você sabe que se Deus tivesse me dado um filho, bem que eu queria e seria uma ótima mãe, mas como não deu... Vai ver ficou com pena de dar uma mãe meio biruta para um bebezinho, não é?

– Você não existe, mulher. A maternidade faz a gente sofrer, mas sempre vale a pena, você nem imagina o quanto vale a pena.

– É, eu sei, quer dizer, imagino... Trocando de assunto, você viu que fizeram um filme sobre a vida de Allan Kardec? Logo me lembrei de você.

– É, eu soube e pretendo assistir, deve ser interessante.

As duas ficaram em silêncio novamente por alguns segundos, cada qual mergulhada em seus pensamentos melancólicos até que Danúbia lembrou que era hora de ir.

– Você precisa vir mais vezes, principalmente vir para ficar, talvez uma semana ou pelo menos um final de semana.

– Não dá, querida; eu não deixo as minhas "amadinhas" com ninguém; e no hotelzinho, só vale a pena para uma viagem maior, porque o veterinário, dono do hotelzinho, cobra por pacote e não por dia. E por dia, minha filha, é diária de hotel cinco estrelas. Bem, me deixa ir...

Celina levou-a até o saguão do prédio e, mais uma vez trocando beijos, se despediram alegremente.

Celina entrou pensando o quanto sua vida tinha mudado depois que viajara com Danúbia lá para aquele hotel incrustado nas montanhas. Qualquer hora a convidaria para irem novamente, já que agora, pelo seu estado psicológico normal e saudável, com certeza aproveitaria muito mais aquele lugar maravilhoso.

Entrou em casa cantarolando e sentou-se em frente ao computador onde estava transcrevendo a história das amigas da casa de repouso. Colocou os fones de ouvido, ligou o gravador e, com um sorriso nos lábios, começou a transcrever o que estava gravado.

7

A DESENCARNAÇÃO DE ESTELITA

No dia seguinte, Celina entrou sorridente no quarto da casa de repouso, mas encontrou só duas, de suas três amigas, e ainda por cima, tristes.

– O que houve, minhas queridas? Estão tristinhas ou é impressão minha? Onde está Estelita?

– Pois é, a nossa Estelita está muito doente. Teve que ser levada às pressas para o hospital...

– Mas ora, como foi isso acontecer, quando foi? Contem-me... – falou Celina, visivelmente preocupada com a nova amiga.

– Ela ontem jantou normalmente e, quando estávamos na sala assistindo televisão, desmaiou feito um passarinho, sem dar um pio.

– Ah, coitadinha, e já sabem o que foi que ouve, o que ela teve?

– Bom, primeiro que na nossa idade isto é perfeitamente normal e previsível, mas sempre ficamos chocadas e nervosas, pois é muito deprimente ver morrerem nossos parentes e amigos ao nosso redor, sem que fiquemos pensando se seremos a próxima ou quem será a próxima... – comentou Ada do alto de sua sabedoria, com a sua tranquilidade habitual.

– Não diga isso, Ada, agora que nos conhecemos, pretendo conviver com vocês por muito tempo ainda, se Deus quiser.

– Mas é a realidade, minha filha, ninguém foge dela, e é mais fácil aceitá-la, pois é a única certeza que o ser humano tem é saber que um dia irá morrer, então não adianta ter medo e nem espernear, que vai mesmo.

– Mas então deixe para pensar na hora, Ada, pensar antes também não vai melhorar e nem facilitar a coisa, não é? Mas me digam, ela está internada?

– Sim; a última notícia, é que ela estava na UTI do hospital central. Teve um derrame cerebral, coitadinha. Está inconsciente, agora é só esperar, pois com certeza não tem volta.

– Não fique assustada, Celina. Quando se chega à idade que chegamos, não nos iludimos mais e damos graças, por Deus ter-se lembrado de nós, afinal já passamos por muitas coisas e o corpo não aguenta mais.

– Puxa! Eu não imaginava uma coisa dessas para a nossa Estelita, ela parecia tão bem...

– É que tivemos uma vida longa, Celina, e já estamos cansadas de tanta luta; mas como dizem que nasceremos de novo em outra oportunidade, deixaremos o que não foi possível fazer para uma próxima vez, numa próxima oportunidade. Este corpo já está muito gasto, muito velho e cansado, só sobrou o que aprendemos.

– É, eu também aceito a reencarnação...

– É a lógica da vida, não é mesmo? Sem ela estaríamos como um barco à deriva neste mundo, sem uma rota e uma meta.

– Leio bastante sobre estes assuntos nos livros espíritas, mas ainda preciso estudar muito.

– Eu vou até a copa pedir para trazerem um chá para nós – disse Inês, que tinha ouvido as duas conversarem, sem interferir.

– Não se preocupe, querida, hoje nem posso demorar, só passei para vê-las. Mais tarde telefonarei para saber da Estelita. Enquanto isso, vamos orar por ela – falava, enquanto se abaixava para abraçar e beijar Ada, num abraço apertado, tentando lhe transmitir coragem e conformação.

Em seguida, pegou a bolsa e foi na direção de Inês, que tinha parado antes de chegar à porta e ficou esperando ela se despedir da Ada que, apesar de toda a segurança em falar da vida e da morte, estava sem o sorriso tão habitual no rosto.

Inês acompanhou Celina até o portão e, ao se despedir, deixou uma lágrima rolar no rosto, o que fez com que as duas, abraçadas, se despedissem em lágrimas silenciosas.

– É a vida, minha querida, e precisamos aceitá-la. Vamos orar por ela, e pedir a Deus que a assista – falou Inês, transmitindo uma paz até então desconhecida naquele olhar tímido.

Celina entrou no carro e saiu com os olhos embaçados, só agora se dando conta que aquela amizade tão doce que havia acontecido entre ela e as três amigas, pela lei da natureza logo iria terminar, por conta da própria vida, tão imprevisível e tão paradoxalmente previsível.

Celina deu-se conta de sentir uma saudade precoce dessas três mulheres que Deus colocou em seu caminho, e que a transformou completamente. Teve a certeza, naquele momento, de que ela nunca mais seria a mesma.

No dia seguinte, voltou à Casa de Repouso para acompanhar de perto as amigas, enquanto esperava notícias sobre a saúde de Estelita.

Tinha acabado de chegar e, ainda mesmo antes de sentar-se, entrou no quarto o médico, Dr. Paulo, que acompanhava a saúde das senhoras da casa. Cumprimentou-a discretamente, talvez até timidamente, pelo inusitado de sua presença.

– Quer que eu saia para atendê-las, doutor?

– Não, não se preocupe, é só rotina, vou verificar a pressão arterial, a medicação e ouvi-las, caso tenham alguma reclamação.

– Esta é a Celina de quem lhe falamos outro dia, está lembrado, doutor?

– Ah, sim, a nova amiga que vem ler e fazer companhia para as minhas garotas, não é?

– É sim, um anjo que Deus colocou na nossa vida antes de nos chamar para Ele.

Celina não conseguiu disfarçar o rubor do rosto, tão sem graça ficou com o comentário de Ada.

Um pouco mais descontraído, ele brincou com elas, que se divertiram conversando alegremente, esquecendo-se por alguns momentos do fantasma da morte que as rondava.

Após as verificações de praxe, ele fez questão

de cumprimentar, apertando a mão de Celina e demonstrando admiração pelo desprendimento dela, elogiando o seu belo gesto, tão escasso nos dias de hoje, de oferecer alguns poucos momentos de companhia para pessoas solitárias que vivem em asilos ou casas de repouso.

Por um momento, seus olhares faiscaram de admiração mútua ao se despedirem.

Mais tarde, após acompanhar suas amigas no chá, Celina se despediu garantindo que voltaria no dia seguinte para acompanhá-las enquanto esperavam, juntas, notícias da melhora de Estelita.

Já passava das dez horas e, enquanto Celina se preparava para se deitar, o telefone tocou e ela sobressaltou-se pelo inusitado da hora. Era seu filho querido, dando-lhe notícias e contando as novidades, o que a inundou de felicidade, esquecendo tudo o mais que povoava seus pensamentos até àquela hora.

– Que bom que você ligou, meu filho; Deus o abençoe sempre. Conte-me as novidades...

No dia seguinte, antes de seguir para a casa de repouso, Celina passou na padaria para comprar uns agradinhos para as amigas, sem deixar de lembrar que também aquela atividade, agora tão comum na sua vida, também acabaria. Um sentimento de tristeza tomou conta por uns momentos do seu coração, mas foi logo banido ao procurar se lembrar do filho distante que tinha se lembrado de lhe dar notícias. Logo em seguida, lembrou também que precisava ligar para a sua amiga Danúbia contando as novidades. Resolveu que faria isso logo que voltasse para casa, no final da tarde. Entrou no carro e tomou o rumo da casa de repouso.

Celina abraçou carinhosamente as suas amigas ao chegar e notou nelas o olhar mais apreensivo do que no dia anterior.

– Querida, a nossa Estelita piorou. O Dr. Paulo passou por aqui ainda há pouco e nos deu a triste notícia. A morte ainda é um sentimento de perda para todos, não é? Dá uma tristeza, por mais que a gente aceite que não morremos e que um dia todos nós vamos nos encontrar, ela causa um aperto no coração, não tem jeito.

– Tem razão, Ada, mas não podemos perder a esperança, e quem sabe ela ainda estará conosco por mais um tempo, pois a medicina evolui a cada dia, a cada hora, quem sabe? Não podemos perder as esperanças.

– Não se iluda, minha querida. Precisamos encarar a realidade, afinal, Estelita já completou noventa e três anos e o Dr. Paulo esteve aqui justamente para nos preparar para a última notícia.

– Então vamos orar, minhas queridas, e pedir a Deus que nos abrande o coração. Olhem, eu trouxe o meu Evangelho dentro da bolsa. Ele é bem pequeno e eu o trago sempre comigo, já que muitas vezes preciso de uma palavra de conforto e a encontro em suas páginas, em qualquer lugar onde eu esteja. Basta um pequeno trecho e encontro nas entrelinhas o consolo que eu preciso para continuar a caminhada. Não é à toa que a doutrina espírita é considerada "O Consolador", prometido por Jesus.

– Ah! Deixe-me ver...: hum... *O Evangelho Segundo o Espiritismo,* de Allan Kardec? Ora, ora, que interessante... Então você é espírita mesmo, Celina? Nunca nos disse, apesar de sempre citar livros espíritas como exemplo e explicações. Eu até já desconfiava, mas também nunca perguntei, não é? Era para não desviar a conversa que estávamos tendo, deixando para perguntar num outro momento, mas sempre esqueço.

– Eu também me considero uma simpatizante da doutrina Espírita, mas sou católica de criação – falou Inês, com curiosidade.

– Parece que não comentei mesmo; é que não houve oportunidade, mas eu ainda sou estudante da doutrina. Gosto de ler e aprender, mas ainda há muito que aplicar no dia-a-dia daquilo que aprendemos, que é a parte mais difícil, com certeza.

– Eu tenho um Evangelho já bem velhinho aqui na minha gaveta também, e eu leio todos os dias uma página. A Estelita e a Inês muitas vezes vêm orar comigo, mas elas preferem ir à missa na capela. Também já li muitos outros livros espíritas e aceito a reencarnação como lógica absoluta. Compreendo a lei de causa e efeito, daí porque sempre aceitei ficar sem andar a maior parte da minha vida. E dou graças por isso, por Deus nos dar oportunidade de resgatar nossos enganos, acertar "nossas contas" com nossos semelhantes. Só assim conseguimos paz e tranquilidade para viver.

– Eu também li alguns romances emprestados por uma vizinha, mas pouco sei da doutrina, pois nunca fui a nenhum Centro... – falou Inês timidamente.

– O que eu tenho aprendido nas páginas da codificação de Alan Kardec, na essência da doutrina Espírita, Inês, é a importância da reforma interior, seguida pela prática da Caridade e o Amor incondicional, que é o que realmente nos levará até Deus. O restante são pontes e caminhos que nos ajudam e facilitam o nosso caminhar na maioria das vezes, e até diminui o nosso sofrimento, mas se não tivermos essa conscientização e estes sentimentos em cada segundo de vida, não teremos caminhado em direção a Jesus nem um passo. Se frequentarmos uma casa espírita, uma igreja ou um templo, só para dizer aos outros que seguimos uma religião, com certeza não somos Espíritas ou crentes em Deus; aqueles que fazem a sua própria religião, a sua lei baseada no orgulho e na prepotência, que não estudam e principalmente não aplicam para si com humildade os ensinamentos, são pessoas infelizes, que infelizmente há em todas as religiões, que denigrem a doutrina de Jesus. O que nos faz, realmente e principalmente, Espíritas, é o nosso comportamento, o nosso exemplo em atitudes. O nosso "ver a vida", é sermos solidários com o nosso próximo e isso tem que começar dentro da nossa própria casa, com o nosso próximo mais próximo; e aí, mesmo que timidamente, reconhecendo nossas falhas, e o muito que teremos que aprender ainda, podemos dizer que somos Espíritas e principalmente cristãos.

Ambas sacudiram a cabeça em silêncio, concordando com o argumento de Celina.

– Vamos orar pela Estelita, então?

Celina fechou os olhos e baixinho deu graças por estarem ali reunidas em nome de Jesus e pedindo bênçãos para a amiga Estelita. Pediu também aos amigos da espiritualidade para que estivessem presentes na hora do seu desprendimento, no que foi acompanhada pelas amigas num silêncio comovido. A seguir, abriu o seu *Evangelho* nas últimas páginas, encontrando e lendo a "Prece pelos Doentes" e, em seguida, leu também a "Prece por um agonizante", e finalizou com um "Pai Nosso", a oração ensinada por Jesus.

Ficaram em silêncio meditando mais um pouco até que foi servido o chá, o que as distraiu pelo restante da tarde, conversando sobre amenidades.

Quando Celina ligou o carro para sair do estacionamento, uma funcionária veio correndo avisá-la que veio notícia de que Estelita tinha acabado de desencarnar. Celina abaixou a cabeça no volante do carro e deixou que lágrimas sinceras escorressem pelo seu rosto enquanto uma oração silenciosa percorria seus sentimentos de saudade de sua nova amiga que se despedia desta vida, mas também agradecia a Deus a felicidade de tê-la conhecido. Certas pessoas passam pela vida da gente por breves momentos, mas deixam a marca de sua passagem para sempre. Logo depois, um pouco mais calma, com uma paz interior por ela desconhecida, saiu do carro e voltou ao quarto para acompanhar as amigas que ali tinha deixado momentos antes. Com elas, voltou a orar por Estelita, proferindo desta vez a "Prece por alguém que acaba de morrer" e ali permaneceu com Ada e Inês, confortando-se mutuamente, até que o Dr. Paulo retornou para dar-lhes uma medicação leve para dormirem tranquilas e saiu. Assim terminou aquela triste tarde de outono.

Momentos depois, caminhou novamente para seu carro, desta vez sob a penumbra do começo de uma noite clara de lua quase cheia, e um ar frio bateu-lhe no rosto fazendo-a encolher-se sob o leve casaquinho usado em tardes amenas.

O inverno já dava sinais de sua chegada. Andando encolhida, de cabeça baixa e pensativa, Celina nem reparou que o Dr. Paulo a seguia alguns passos atrás, também indo ao encontro do seu carro ali estacionado.

– Você ainda está por aqui?

– É, não tive coragem de deixá-las sozinhas nesse momento, apesar de elas estarem em melhor situação psicológica do que eu mesma. Eu não tinha ideia do tanto que me apeguei a estas senhorinhas.

– É normal que seja assim. O idoso aceita melhor a morte do que os mais jovens, ainda cheios de sonhos e ilusões. Eles já viveram muito tempo e na maioria das vezes se sentem até cansados, e preferem, como eles mesmos dizem, que sejam chamados logo para a "casa do Pai".

– É, já percebi isso. Tenho aprendido muito com as minhas novas amigas.

– Faz muito tempo que você as conhece?

– Não, só alguns meses, mas sinceramente,

parece que as conheço a vida inteira, são muito especiais para mim.

– Elas têm sorte de tê-la conhecido...

Finalmente pararam ao lado dos seus respectivos carros, que por coincidência estavam estacionados lado a lado. Por um breve momento ficaram sem assunto, mas logo o Dr. Paulo pediu a ela uma oportunidade de se encontrarem fora dali em algum lugar para conversarem, convite que causou surpresa a Celina, tão desacostumada estava a essas gentilezas e demonstrações de interesse masculino. Tinha se afastado de qualquer possibilidade de um novo relacionamento, tão frustrada havia ficado por conta de sua separação.

Quando entrava na garagem do seu prédio, ainda relembrava o momento em que trocaram cartões de telefone e endereço eletrônico, prometendo-se que se encontrariam em breve para saírem juntos.

Dia seguinte, logo após a breve e singela cerimônia do funeral, onde compareceram apenas ela, o Dr. Paulo e duas funcionárias da casa de repouso, Celina aceitou almoçar com Paulo, como agora se tratavam: Paulo e Celina. Uma harmonia pairava entre os dois, como se fossem velhos conhecidos. Conversavam, tranquilos, sobre assuntos variados e pouco a pouco iam descobrindo mais afinidades do que divergências.

8

CELINA E PAULO

À tarde, Celina voltou à casa de repouso levando novamente guloseimas para as amigas e pretendendo distrair-se e distraí-las lendo um pouco. Paulo voltou ao hospital, que por sinal ficava a duas quadras da casa de repouso, daí porque era só chamar que ele aparecia prontamente.

– Que bom que você veio, Celina, como você é carinhosa conosco. Nunca, nem na eternidade, me esquecerei de você, minha querida – falou Ada com total sinceridade.

– Eu também, não me esquecerei de vocês, um dia nos encontraremos num daqueles magníficos jardins perfumados que os Espíritos descrevem nos livros e tomaremos chá ouvindo musica celestial, não é mesmo?

– Com certeza, minha querida, com certeza!!!

E todas riram com alegria enquanto Celina abria o livro novamente para recomeçar a leitura.

...O dia amanheceu como se uma nuvem negra pairasse sobre o telhado da portentosa mansão, prenunciando maus tempos. Um vai-e-vem cheio de cochichos pelos cantos, agitava mais ainda os empregados, temerosos de que uma catástrofe se abatesse sobre aquela casa sob a tirania do senhor todo poderoso Dom Rodrigo. Nicole estava impedida de descer para qualquer coisa até a hora do jantar que seria oferecido ao Duque Bellatorre.

Quando a tarde chegou ao meio, um emissário do Duque trouxe uma carta declinando o convite, desculpando-se por fazer uma viajem inesperada para a Capital, retornando só no final do mês.

Enquanto Nicole e a mãe Amelie exultavam de alegria contida e disfarçada, o pai, Dom Rodrigo, uivava como um lobo ferido caminhando pelos enormes salões da mansão de estilo Vitoriano. De repente, parou em frente à filha e à esposa e, aos gritos, mandou que ambas subissem para os seus quartos, que ele não queria ver nenhuma das duas na sua frente; em seguida, subiu logo atrás de Nicole e trancou-a novamente à chave, voltando ao salão, aos gritos, falando palavras grosseiras e de baixo calão, não conseguin-

do se acalmar e nem controlar a sua ira. Os empregados, assustados, por nunca terem presenciado tal cena, se escondiam atrás das enormes portas espiando e ouvindo as lamuriações, fazendo orações para que não presenciassem coisa pior naquela casa.

Depois de muito perambular por vários cômodos da casa, em total desespero, jogou-se na cama exausto, não se dando ao trabalho nem de retirar as botas. Amelie, ao ver que Dom Rodrigo se acalmara um pouco, providenciou a retirada dos calçados e o aconchegou entre as cobertas como uma mãe faz ao seu filho doente, enquanto ele, deixando-se cuidar, exausto e sem forças para lutar, aninhou-se como um menino, todo encolhido na sua dor e ali se deixou ficar. Em seguida, ela desceu até a cozinha e recomendou à cozinheira que fizesse uma xícara de chá de uma mistura bem forte de ervas frescas e calmantes, para fazer dormir um leão. Em seguida, retornou para o lado do esposo em silêncio, como era de se esperar de uma dama bem nascida e educada para servir fielmente ao seu amo e senhor e, de posse de um terço, brilhante de tanto ser manuseado, sentou-se a orar mecânica e repetidamente as orações, seguindo a carreira das contas escuras matematicamente dispostas.

No seu quarto, também balbuciando uma ora-

ção infantil, Nicole agradecia à Virgem Maria por tê-la defendido de tão cruel destino, o de casar com o Duque Bellatorre, mas o ódio pelo pai não diminuiu; ao contrário, recrudesceu e se tornou insuportável, quase levando Nicole à loucura. Entre lágrimas, orava sem parar, repetidamente, prometendo à Virgem que se confessaria logo que pudesse ir à Igreja, tão pecadora ela se sentia naquele momento por odiar tanto o homem que lhe deu a vida.

Celina fechou o livro depois de esticar com cuidado a fita que marcava a página. Em seguida, calada e pensativa, se levantou e colocou-o no seu lugar, na pequena estante, voltando os passos para onde estivera sentada, observando as amigas, ainda tristes com a ausência de Estelita, absortas em seus pensamentos.

Todas respiraram profundamente, enquanto Inês se levantava para abraçar e se despedir de Celina, que também se abaixou para abraçar Ada que, sentada entre as suas belas almofadas, guardava um sorriso triste nos lábios.

– Você vai voltar?

– Com certeza, minhas queridas. Amanhã estarei de volta; o que gostariam que eu trouxesse?

As duas ficaram em silêncio, demonstrando que a tristeza tinha lhes tirado até este pequeno prazer: o de comer guloseimas.

– Está muito bem, meninas, verei alguma coisa gostosinha para trazer para vocês. Estarei na minha casa pensando nas duas o tempo todo e amanhã quero ver as minhas amigas sorridentes, hem?

Celina saiu também com o coração apertado, sem saber como confortar duas pessoas tão maravilhosas como Ada e Inês, se ela mesma estava com o coração dolorido.

À noite, Celina ligou para a Danúbia para lhe contar tudo o que aconteceu naquela semana tão cheia de emoções e voltou a chorar. A amiga confortou-a, sensibilizando-se com a amiga tão querida de tantos anos, lhe relembrando que na idade delas isso era mais que natural. Ao se despedir, Danúbia prometeu visitá-la assim que pudesse e ficou feliz em saber que o filho de Celina, menino que viu nascer e se tornar homem, tinha ligado para a mãe, e ela, mais do que ninguém, sabia o quanto isso era importante para a amiga.

No dia seguinte, Celina, voltando do cabeleireiro, recebeu um telefonema de Paulo, convidando-a para um jantar e um cinema. Quase assustada com o imprevisto, ela ficou calada por uns instantes, fazendo com que o Paulo ficasse chamando várias vezes: – "alô, Celina, está me ouvindo?"

– Sim, sim estou ouvindo, e... É que você me pegou de surpresa, estava distraída, com o pensamento tão longe, e nem me dei conta, desculpe a distração. Eu gostaria muito, sim, e terei muito prazer em conversar com você.

– Está bem, então passo na sua casa às vinte horas e trinta minutos, está bem para você?

– Sim, está ótimo, estarei pronta, com certeza.

Quando Paulo e Celina entraram no restaurante para jantar, já passava das vinte e uma horas e saíram de lá tão tarde, que desistiram de ir ao cinema. Conversaram sobre todos os assuntos e descobriram coisas muito interessantes em comum.

– Então você é espírita, Paulo? Sempre foi?

– Acho que desde outra encarnação. Nasci em lar espírita, sempre fiz parte de grupos de jovens e continuo amigo e convivendo com a maior parte dos amigos da Juventude Espírita da minha época e do Centro que frequentava na minha cidade desde criança. Depois que me formei, vim trabalhar na Capital, mas não deixo de voltar para o interior com frequência, para a minha cidade, onde sempre encontro quase todos os amigos daquela época e "recarrego as baterias" para um novo período.

– E não casou? Não quis casar?

– Não, até hoje não. Primeiro porque foi muito difícil me despedir da minha noiva que desencarnou de um aneurisma fulminante pouco antes do nosso casamento, com tudo preparado, apartamento montado, sabe como é?! Mesmo sendo espírita, fica difícil encarar a realidade do afastamento por causa do desenlace de um dos noivos. Tínhamos planos, sonhos de juventude, aí acontece o que costumamos chamar de "imprevisto" e por algum tempo ficamos como um barco à deriva. Se não fosse a fé e o conhecimento da doutrina, além dos meus amigos, eu não conseguiria suportar. O afastamento por morte de uma pessoa querida é uma dor insuportável. É uma despedida dura e muito difícil quando amamos de verdade, mas precisamos continuar a nossa tarefa, e mergulhar no trabalho foi o meu salva-vidas, só que o tempo passou muito rápido e com isso estou quase velho e nunca mais quis me envolver com alguém seriamente, para casar, ter filhos e coisas assim.

– Imagino, ou talvez nem consiga imaginar tal coisa... E você alguma vez recebeu algum recado dela pela psicografia?

– Sim, um breve recado que, resumindo, me lembrava que passamos por dores assim graças à lei de causa e efeito, pela justiça Divina. Que com certeza,

Deus nos daria uma outra oportunidade de voltarmos juntos para realizar os nossos tão elaborados planos e sonhos.

– Ficou mais aliviado depois disso?

– Sim, remexeu um pouco as minhas entranhas por alguns dias, mas depois uma paz interior me equilibrou e mergulhei no meu trabalho, que considero a melhor terapia para a dor, seja ele qual for. E você me falou que foi casada e agora está separada?

– Sim. Fui casada com um estrangeiro por quase vinte anos, quando resolvemos nos separar por conta de um desgaste numa relação irrecuperável. Mas como ele é de temperamento difícil e intransigente, tanto fez até que conseguiu afastar o meu filho de mim, levando-o com ele para a América do Norte e envolvendo-o com promessas mirabolantes. Mas o garoto, como tem dupla cidadania, agora se alistou na Marinha dos Estados Unidos, para se afastar do pai que o sufoca por demais. Eu acho que, por um lado, vai amadurecer a sua personalidade, mas por outro, rezo para que ele não seja mandado para a guerra.

– É realmente preocupante ver um filho seguir a carreira militar. Você também é espírita desde criança?

– Não; eu fui católica até há alguns anos, quando encontrei um livro espírita num táxi, mais precisamente um romance. Eu andava tão deprimida por conta do fim do meu casamento e do afastamento do meu filho, que não conseguia mais dirigir, tal a alienação pelo que acontecia ao meu redor. Vivia distraída e muito dispersiva, ficava horas fora do ar, daí que eu mesma não tinha mais vontade de dirigir e passei a ir de táxi quando precisava sair de casa. Certo dia, tinha que ir à consulta no psiquiatra e chamei um rádiotaxi. Ao entrar no carro, notei no assento um livro esquecido. Segurei-o junto à bolsa e nem me perguntei se devia ou não deixar o livro ali com o taxista para a possibilidade de o dono o procurar. Aliás, peguei-o sem saber que estava segurando um livro. Fiz isso de forma automática, sem pensar, e só fui perceber ao chegar em casa, que tinha andado com um livro agarrado no braço o tempo todo e que não era meu. E foi bastante tempo, aliás, foram horas, pois ainda precisei ir ao banco e à farmácia antes de voltar para casa, sem me dar conta de que o levava "misteriosamente" agarrado ao peito. Ao chegar, deitei-me no sofá, abri o livro automaticamente e comecei a ler; quando me dei conta eu já havia lido uma boa parte do livro com tanto interesse, que nem vi que o sol já tinha ido quase todo embora e era preciso acender a luz. Este foi o meu primeiro contato com a doutrina espírita. Abençoado seja quem deixou ou perdeu o livro naquele táxi, pois salvou uma vida.

– Estou curioso para saber que livro era...

– Eu o tenho até hoje; é o livro *Párias em Redenção,* psicografado por Divaldo Pereira Franco e ditado pelo Espírito Vitor Hugo. É um livro antigo, de 1971. É um romance realmente muito bom, já o li e reli outras vezes. Bem, daí em diante, quando terminava de ler um livro ia em busca de outro até que o vendedor da banca de livros espíritas me aconselhou a ler as Obras Básicas da Doutrina Espírita, codificada por Allan Kardec; e foi aí que procurei uma Casa Espírita perto de onde eu moro, para facilitar, e me matriculei nos cursos e continuo até hoje me dedicando ao estudo da doutrina. Quando tomei conhecimento de *O Livro dos Espíritos,* fiquei tão fascinada com as respostas, que durante muito tempo andava para todo lado com o livro, querendo saber mais e mais. As perguntas pareciam feitas por mim mesma, querendo saber respostas mais consistentes das que ouvi durante a minha vida até aquele momento. Hoje leio de tudo que cai em minhas mãos, e com isso me distraio e aprendo. Os livros são meus companheiros inseparáveis.

– Você gostaria de ir comigo visitar os meus parentes e amigos na minha cidade? Vai haver um seminário nos dias dezoito e dezenove, num sábado e domingo o dia todo, você gostaria? O assunto abordado será "Reencarnação, Aborto e suas Consequências".

– Acho que sim, estou precisando mesmo sair um pouquinho da minha rotina. Vai ser bom.

– Então está bem, iremos juntos. A minha turma é que vai se admirar, pois nunca levei ninguém até hoje, mas sinceramente, é que eu realmente estou gostando de você...

9

ENSINAMENTOS

Na semana seguinte, Celina, sorridente e bem disposta, chegou trazendo um vasinho com violetas para Ada colocar na janela do quarto, além de umas guloseimas tão do agrado das amigas. Como sempre, foi recebida com muita festa pelas duas.

– Vamos continuar lendo o romance? Agora só vivo pensando em como vai acabar aquela história.

Inês, então, perguntou, com os olhinhos brilhantes:

– Sim, vamos, também estou curiosa para saber, e a Ada, que já sabe, não conta para ninguém, não é?

– Senão perde a graça, ora. Tenham paciência e não vão se arrepender.

– Concordo com você, Ada, senão, perde a graça – falou Celina enquanto se dirigia para a pequena estante onde guardava o livro e, tomando-o nas mãos, sentou-se como de costume na poltrona ao lado da janela, abrindo-o onde estava a fita de seda, enquanto Ada, com um sorriso misterioso, não falava nada, mas se divertia com a curiosidade delas. Em seguida, Celina preparou o minúsculo gravador que trazia pendurado ao peito e retomou a leitura.

...A partir daquele momento, e até o galo cantar na madrugada seguinte, nem mais um som foi ouvido naquela imensa casa de pedra, onde moradores, de corações vazios, dormiam, soluçando a dor das suas perdas...

Mal o sol saiu, Nicole, atenta aos hábitos da casa, esperou o pai sair para a cavalariça e chamou a empregada lá de dentro da prisão que se tornara o seu quarto.

– Edwirges, Edwirges! Abra essa porta que eu quero sair... Minha mãe, me liberte, por favor...

O silêncio foi o retorno aos seus gritos.

Lá embaixo, na cozinha, as empregadas, aflitas, procuravam dar conta dos afazeres tentando não ouvir os apelos da mocinha. O medo que tinham de Dom Rodrigo as impedia de tomar qualquer atitude em favor da menina. Ele era capaz de chicoteá-las até a morte se transgredissem as leis que ele fazia vigorar na casa. Ele era um tirano e senhor todo poderoso e assim tinha que ser cegamente obedecido.

O dia se consumiu e Nicole, cansada e rouca, não mais gritava, quando Dom Rodrigo, de volta ao lar, fez parar a parelha de cavalos em frente à enorme porta que prontamente se abriu comandada pelo velho mordomo.

– Boa noite, Senhor.

– Humpf!

Dom Rodrigo grunhiu entre os dentes, enquanto ia adentrando pela porta e retirando da cabeça o alto chapéu que lhe cobria parcialmente os cabelos grisalhos. Em seguida despiu o escuro e pesado capote preto, continuando a caminhar para o interior do enorme salão enquanto entregava as roupas e o chapéu ao aflito mordomo, que os segurava como podia, caminhando atrás, cheio de solicitude.

– Onde está a senhora?

– A senhora Amelie está recolhida aos aposentos por conta de uma forte dor de cabeça.

– Muitas dores de cabeça nós teremos, se não nos livrarmos desta filha maldita que botamos no mundo...

E, resmungando impropérios, subiu as escadas enquanto mandava servir o jantar em quarenta minutos.

– Pôxa! Quem tem um pai desses não precisa de inimigos, credo! Mas tudo tem o seu troco, não é, Celina? Quem planta colhe, é a lei de Deus. E com certeza pai e filha já traziam divergências de outras vidas, só pode ser – falou Inês, já desesperada com a sorte da heroína.

– Com certeza, tudo o que plantamos vamos colher algum dia, pois estamos sempre diante das leis de Deus; é a justiça Divina agindo. "O plantio é opcional, mas a colheita é obrigatória". As pessoas sob os nossos cuidados e convívio podem sofrer provações difíceis, mas nós não temos o direito de aumentar o seu sofrimento, pois aí já é falta de caridade. A nossa obrigação de cristão é aliviar o seu sofrimento, reduzir até onde pudermos a sua agrura.

– Então, tudo o que me fizeram passar vão pagar diante do juízo de Deus? E se eu não quiser?

– A justiça de Deus, Inês, nunca falha, mas se você os perdoou, ótimo! Pois tudo em seu benefício será acrescentado.

– Como em meu benefício?

– Porque há coisas que é preciso que aconteçam, mas nem por isso devemos provocar o acontecimento. Por exemplo: se numa outra vida, de posse do seu livre-arbítrio, você foi muito mesquinha e egoísta, e deixou que pessoas sob os seus cuidados passassem necessidade, fome, maus-tratos, etc., pela lei de causa e efeito você terá que ajustar contas disso algum dia, sim. Só que, ao desencarnar, você tomou consciência da sua mesquinhez e, sinceramente arrependida, ora e pede a Deus que lhe dê a chance de reparar essas faltas, se regenerar passando pelas mesmas necessidades. Você quer passar pelo mesmo sofrimento que fez passar aquelas pessoas, não é preciso ser o mesmo, mas você prefere assim para se sentir redimida. Você acha que só ser perdoada não é suficiente, você quer sentir na pele o que fez outros passarem. Então, você reencarna, tem mais uma chance de se desculpar perante Deus, de suas faltas e, mesmo sabendo que vai passar por todo o tipo de necessidade, todo o tipo de dificuldade, você vai em frente. O seu inconsciente guarda as informações do que aprendeu na espiritualidade e sabe que os amigos estarão sempre junto de você para coroar de êxito a sua prova e lhe darão forças para ir até o fim da vida. Você se arrependeu de verdade dos seus atos praticados e é por conta disso que perdoa e nunca se revolta. Sabe que precisa viver o amor sob qualquer circunstância, além de aprender e vivenciar as lições do Cristo. Só que eu, que ainda não aprendi nada, sou egoísta, moro do lado da sua casa e jogo no lixo boas comidas, boas roupas e sapatos, achando que não tenho nada com os seus problemas, que você tem que sofrer mesmo, pois é a sua prova, e que cada um tem a sua, eu me nego a lhe ajudar porque acho que isso não é problema meu, é obrigação do governo que a sustente, para isso pago os meus impostos, e eu não tenho nada com o que você passa na vida, até prefiro jogar no lixo o que ainda teria bom proveito em matar a sua fome, a lhe agasalhar como convém fazer aos nossos semelhantes, todos nós de bom coração e amor ao próximo, eu nada mais sou do que uma pessoa sem Deus no coração, não conheço nada de solidariedade humana, não sei dividir, não sei doar, sou digna de pena, por ser tão ignorante e, com certeza, o meu aprendizado nesta ou numa outra encarnação será muito doloroso, muito penoso, triste mesmo. Se eu penso e faço assim, eu também estou transgredindo a lei de Deus, praticamente cometendo o mesmo erro seu no passado, porque a prova é sua, mas ninguém tem o direito de aumentá-la, entendeu? E se eu achar que você tem que passar por todas as necessidades, por todas as dificuldades porque algum dia você fez o mesmo com alguém, eu estou julgando você e faltando com a caridade, estou totalmente errada também. Erramos sempre quando julgamos os nossos semelhantes, pois se não cometemos especificamente aquele erro, cometemos outros até muito piores às vezes. A minha obrigação é sempre diminuir o sofrimento alheio e não julgar, não aceitar como "ajuste de contas", e pronto. "Cada um que se vire" é puro egoísmo e falta de caridade para com o nosso semelhante.

– Sim, agora entendi, mas como é que se eu perdoar essa mesma pessoa, por exemplo, que me negou comida e agasalho, o benefício é meu, se para aprender e resgatar a minha dívida, preciso passar fome?

– Não é bem assim. Você não precisa passar literalmente pela mesma situação; mas você prefere assim para que o aprendizado cale fundo, para nunca mais esquecer a lição. E para se sentir redimida, você pede a Deus essa chance de passar pelo mesmo sofrimento, passar dificuldades de todo o tipo, pois só assim você aprende o que é a fraternidade e o amor, e se sente em paz consigo mesma perante Deus. "O amor cobre uma multidão de pecados". Se você distribui amor, recebe amor, se dá o perdão, recebe amor e encontrará a paz. Apesar de parecer, às vezes, não acontece aquele vai e volta; eu lhe faço mal e depois você me faz mal, eu lhe dou um tiro aí eu levo um tiro; não é nada disso; perdoando os que nos magoaram e erraram conosco é que quebramos essa corrente do ódio e do olho por olho, e seremos finalmente todos felizes. Precisamos, o tempo todo, praticar o perdão para conseguirmos evoluir de verdade, para não nos sentirmos magoados. O dia em que formos atingidos e não nos sentirmos atingidos é porque aprendemos a perdoar e nem deixamos a mágoa se instalar, pois ela nem existiu.

– Que interessante... – falou Inês, pensativa, como se estivesse analisando as respostas aos seus questionamentos.

– Vamos continuar a leitura ou vamos continuar falando sobre as leis Divinas, minhas queridas?

– Vamos voltar ao livro, que estou cada vez mais curiosa...

A enorme mesa de jantar, de madeira entalhada, com capacidade para trinta comensais, dividia os donos da casa. Sentados um em cada cabeceira, silenciosamente tomavam a rala sopa de legumes, enquanto divagavam em seus obscuros pensamentos.

Dom Rodrigo tinha os maxilares tão apertados de ódio, por toda a situação que passava naquele momento, que alguém que o observasse não imaginava como conseguia abrir a boca e levar a colher de sopa até ela. Depois de algumas colheradas sem sequer sentir seu paladar, levantou-se, jogando o enorme guardanapo de linho branco sobre a mesa com a fúria que lhe ia no coração, o que fez com que Amelie também se reerguesse prontamente, como um autômato, procurando dar o jantar por encerrado e segui-lo ao próximo salão para tomarem o licor.

Mas um gesto brusco de "volte ao seu lugar" não deu a Amelie tempo para pensar direito.

Sentou-se bruscamente, quase caindo para o lado, enquanto pensava aflita;

– O que fazer agora? Termino de jantar ou subo para o meu quarto?

Ela estava tão habituada a seguir fielmente o comando do marido, que uma simples decisão repentina como esta, naquele momento, ficara impossível de ser definida.

Enquanto não decidia que atitude tomar, o empregado se aproximou e perguntou:

– A senhora vai jantar ou se retirar também?

Sem falar nada e com lágrimas rolando pelas faces macilentas, Amelie levantou-se e subiu as escadas correndo, ao mesmo tempo em que ouvia Dom Rodrigo tilintar a sineta nervosamente no escritório chamando o empregado para atendê-lo.

Jogou-se na cama e só pensava em morrer, sumir daquele lugar horrível onde só encontrava tristeza e infelicidade. Oh, como seria bom morrer...

No escritório finamente decorado em couro e cortinas de repuxo em veludo verde, atrás da escrivaninha e de cabeça baixa, Dom Rodrigo falou ao mordomo:

– Faça as minhas malas, que vou viajar. Depois vá à cavalariça e prepare o carro com as melhores parelhas.

O mordomo saiu às pressas, não sem antes passar pela cozinha e informar aos outros empregados o acontecido, provocando um alvoroço entre todos...

10

INÊS

Celina fechou por uns momentos o livro sobre as pernas e perguntou a Inês se ela tinha familiares, se tinha se casado, já que até ali nunca tinha falado nada de si.

– Ah, Celina, eu não tenho nada para contar, sou daquelas pessoas que passaram pela vida e não viveram. Não conheci meu pai e nenhum parente homem, vivi com minha mãe a vida toda e ela viveu bastante, e alguns anos da mocidade com minha avó, nada mais.

– Tudo bem, Inês, me desculpe. Estou sendo intrometida querendo saber da sua vida se você nunca demonstrou interesse em me contar. É que gosto de ouvir histórias de vida, histórias verdadeiras com experiências interessantes, só isso, não me leve a mal. As histórias verdadeiras são sempre muito interessantes. Mas se algum dia você quiser me contar eu gostaria muito.

– Está bem, vou ver o que me lembro e lhe contarei, mas não espere muito, pois como lhe disse, vivi a vida toda com a minha mãe e só, mais nada.

Sorriu timidamente enquanto Celina guardava o livro no lugar.

– Bem, queridas, agora eu vou embora, espero que tenham se divertido um pouco com a leitura do romance. O que gostariam que eu trouxesse para vocês quando voltar?

– O de sempre já está bom, Celina.

Abraçou as duas amigas não sem sentir a falta da agitada Estelita. Quase tinha a impressão de que ela também estava ali entre elas, sorrindo feliz, querendo ouvir a continuação da história do romance.

Passaram-se dois dias até que Celina voltou à casa de repouso. Logo ao chegar, encontrou Inês no portão a esperá-la.

– Tudo bem, Inês? Está tudo bem por aqui?

– Sim, eu só estava ansiosa que você viesse; passei estes dias relembrando umas partes da minha vida e quero contar para você.

– Que bom, assim, quando eu escrever o livro, também terá uma parte da sua história de vida. Eu fico feliz que você se lembrou de alguma coisa para me contar. Vamos entrar, então? Como está Ada?

– Está do mesmo jeito, a gente já está mais para lá do que para cá, mas é assim mesmo. É a vida. O Dr. Paulo esteve aqui e perguntou por você; vocês estão namorando?

– Não, por enquanto somos só amigos. Já saímos algumas vezes para jantar e conversar, só isso.

– Mas isso é namorar...

– No seu tempo era, agora já não é mais. Um casal pode sair, jantar, passear, dançar uma noite inteira e até viajar juntos e não ter compromisso algum.

– Ah é? Ora...

Inês entrou no quarto de Ada, calada e pensando no que ouvira.

– Como vai, Ada, minha boa amiga, você está bem?

– O Dr. Paulo...

– Já contei para ela – interrompeu Inês, explicando o que tinha dito a Celina.

– Como as pernas fazem falta certas horas...

– O que é isso, Ada, com ciúme da Inês? – perguntou Celina sorrindo em ver a amiga amuada como uma criança que perdeu a vez na brincadeira.

– Também, ela tinha que contar fora do quarto? Eu nem pude saber o que respondeu a ela...

– Eh, Ada. Pois eu lhe conto: já saímos algumas vezes, mas não estamos namorando, não, é que agora, sair com um moço não é namorar, quando quer namorar tem que pedir em namoro. Se não falar, é só amizade, entende?

– É mesmo? Que engraçado... Tempos modernos...

Celina foi pegar o livro e Inês a lembrou de que contaria a história dela também.

– Ah, é mesmo, então nos conte, vou ligar o gravador.

Enquanto Inês se acomodava e Celina ligava o aparelho, Ada, calada, só observava o movimento das duas.

Então, Inês começou a contar:

– Pois é, Celina. Minha mãe era pianista, mas uma pianista de verdade, daquela que dava recitais, concertos, era convidada para tocar no teatro e em muitos lugares elegantes, para autoridades e pessoas ilustres também. Até em navios a minha mãe tocou elegantemente. Certo dia, numa dessas apresentações, ela recebeu no camarim a visita de um senhor ilustre, muito elegante, trazendo um lindo buquê de rosas vermelhas e ali ele se declarou apaixonado por ela, lhe dizendo que já a tinha assistido tocar inúmeras vezes, mas só naquele dia havia tomado coragem de se apresentar. Tão encantada ela ficou, que o convidou para ir até sua casa para um jantar na noite seguinte, o que deve tê-lo deixado mais apaixonado ainda. Quando ele chegou, se surpreendeu em saber que minha mãe morava com a minha avó, mãe dela, uma senhora de fino trato, e não sozinha como pensou a princípio. Naquela época, uma mulher que viajava para tocar em muitas cidades, também era vista com desconfiança, com olhos diferentes, mas como era sempre um ambiente fino, e ela só tocava para pessoas da alta sociedade, algumas vezes em navios de luxo, como falei, havia muito respeito. De qualquer maneira, os artistas nunca eram vistos com bons olhos, eram aclamados por todos, mas rejeitados como se fossem de outra classe. Eram até considerados pessoas à margem da sociedade, pessoas que faziam o que bem entendiam sem dar satisfação a ninguém, esse tipo de coisa. Mas minha mãe era diferente, era uma mulher fina, que falava francês e italiano, estudou em colégios finos de religiosas e só viajava acompanhada da minha avó. Ela nunca viajou sozinha, ia sempre com vovó. E assim, talvez um tanto decepcionado, mas se dizendo sempre apaixonado, ele se manteve firme e começou a fazer a corte a minha mãe, como se dizia antigamente. Levava sempre flores, agradou muito a minha avó com mimos e falando das boas intenções, demonstrava ser culto e muito educado, dando informações sobre quem era e o que fazia para sobreviver. Contou que era um corretor de seguros e, principalmente, que tinha negócios relacionados à exportação de café. Um homem elegante.

Mamãe e vovó ficaram encantadas com aquele homem fino, rico, e tão sedutor, que logo tratou de pedi-la em noivado para poder ter mais liberdade de visitar mamãe. Poucos meses se passaram e o tal relacionamento chegou a ponto de minha mãe ficar grávida de mim. Ao saber da gravidez, ele se transformou num outro homem. Áspero e às vezes até grosseiro. Minha mãe, mulher delicada, criada entre mimos e carinhos, não sabia lidar com aquela situação inesperada e nem com aquele homem, que se transformou num estranho para ela. Ao vê-la entristecer-se dia a dia, minha avó desconfiou de que alguma coisa não ia bem, e pressionou para que a minha mãe contasse o que havia acontecido. Mamãe queria morrer. Desesperada, tentou esconder da minha avó, mas não tinha maneira de esconder a barriga que já crescia enquanto o meu pai desaparecia, pois nem por carta se comunicava. Aliás, ela só tinha um lacônico bilhete que ele lhe enviara por um portador, poucos dias depois que soube da notícia, com palavras duras que a aconselhavam a se livrar de mim. Daí, minha avó tomou as rédeas da situação e disse que ela não iria cometer nenhum aborto. Que ela, como cristã, jamais permitiria tal crime. Minha mãe não sabia o que fazer. Naquela época, uma moça de família que ficava grávida sem casar, ou abortava, ou ia ter o filho longe das pessoas do seu convívio e depois davam as criancinhas para adoção, orfanato ou pagavam alguém para criá-las, longe de todos. Depois voltavam para a sociedade como se nada tivesse acontecido. Mas minha mãe, com a ajuda de minha avó, não me abortou, claro, mas aí a nossa vida foi ficando cada vez mais difícil: eu não pude estudar no colégio que minha mãe estudou, por ser filha de pai ignorado, aliás, era assim que era escrito na certidão de nascimento naquele tempo, agora não sei, pois o mundo está tão moderno... ah, e o padre também não batizava filha de mãe solteira. Daí eu fui virando um estorvo, minha mãe contava esta história todos os dias, várias vezes, com todos os detalhes para eu nunca esquecer, para eu nunca acreditar nos homens, daí, de tempos em tempos, ela entrava num estado de tristeza e ficava na cama vários dias, enquanto minha avó me cuidava e me levava para a escola. Quando eu cresci um pouco mais, minha avó me matriculou num colégio do outro lado da cidade. Ela me levava e ia buscar de bonde, para não encontrar ninguém conhecido e disse no colégio que o meu pai era soldado e morreu na Itália, só para as crianças não me chamarem de bastarda, e eu nem sabia o que isso significava, mas era assim que as crianças e algumas professoras chamavam as crianças sem pai na outra escola. Eu nunca contei esta história do meu pai para ninguém até hoje, mas para você resolvi contar tudo certinho.

– Pôxa Inês, você também sofreu, hem?

– É, eu nem sabia de tudo isso. Ela nunca contou nada, também quase não fala, é muito calada; a Estelita sim, é que sempre falava do tempo em que era nova e fazia lindos vestidos de noiva – falou Ada, praticamente justificando o que ignorava.

– E aí, querida, ele nunca ficou sabendo de você? Se estava viva, se era um menino ou uma menina?

– Sim, logo depois que eu nasci, ele apareceu para saber se era menino ou menina. Quando minha mãe disse que era uma menina, ele deu meia-volta e nem quis me ver. Saiu dizendo que se fosse um filho homem ele o levaria para criá-lo, como se a minha mãe fosse dar algum filho para ele ou para qualquer pessoa, gritava a minha avó muito nervosa toda vez que minha mãe contava essa parte da história. Depois desse dia, ninguém o viu mais. Antes de minha mãe engravidar, entre os planos de futuro, ele dizia que o maior sonho era ter um filho homem para continuar a sua linhagem, o seu sangue, o seu nome. Que filha mulher ele não queria nem olhar, pois não iria criar uma filha para outro homem, até porque, nenhum homem em sã consciência podia confiar numa mulher. Minha mãe ria achando que era brincadeira dele, e não podia imaginar que ele falava tão a sério.

– Na realidade, ele era muito ciumento, Inês. Mesmo sem conhecer a filha, ele nem conseguia imaginá-la adulta e tendo um marido.

– Pois é, deve ser isso mesmo. Depois disso, as coisas foram ficando cada vez piores para nós, pois um dinheiro que mandou por um amigo dele acabou logo, e minha avó, que era viúva, precisou vender o piano para não passarmos fome, o que levou minha mãe a ficar de cama quase um mês.

– E por que sua mãe não dava aulas de piano para ganhar dinheiro e fazer disso uma profissão?

– Pelo motivo de ser mãe solteira, outros pais não deixariam uma criança sob os cuidados de alguém que tinha ficado grávida sem casar; era mau exemplo! A mulher ficava marcada a ferro quente como se fosse uma criminosa. O preconceito era muito grande e minha mãe pagou o preço. Antes de minha avó vender o piano, sem ela saber, mamãe escreveu uma carta para ele, aos cuidados daquele hotel onde ele sempre se hospedava, pedindo ajuda para a minha educação, mas nunca recebeu resposta e, por isso, ela entrou num desencanto pela vida e ficava mais na cama do que de pé. Era uma morta-viva, sem vontade de viver. Chegou a tentar o suicídio, cortando os pulsos, mas minha avó chegou a tempo de evitar a tragédia.

Inês calou-se por uns momentos como se procurasse lembrar de mais detalhes, seguida pelas duas amigas que, naquele momento, estavam sensibilizadas com o sofrimento dela.

Celina não pode evitar se lembrar da sua amiga Danúbia que, se estivesse ali, bradaria para o alto o seu braço com várias pulseiras barulhentas, num protesto indignado às pessoas preconceituosas que viveram naquela época, principalmente os homens que causavam tanto sofrimento às suas mulheres, e os falsos moralistas de plantão.

– Depois que o dinheiro do piano foi consumido, certo dia, minha avó chamou uma ajudante e fizeram uma limpeza na casa, retirando um monte de coisas antigas que ela vendeu para um antiquário e montaram algumas camas de solteiro que estavam guardadas no sótão, nos outros quartos da casa, que era bem grande e ficava num bairro muito conceituado na época. Foi até a frente da casa, colocou uma escada e ela mesma pregou uma placa que pintou com letras bem desenhadas na noite anterior, que dizia: "Pensão Três Corações", que eram os nossos três corações, meu, da minha mãe e dela, e esse nome ficou até eu fechar a pensão. Tinha gente que pensava que nós éramos da cidade de Três Corações, até. E dali em diante fez da casa uma pensão, alugando os quartos. E assim nós três fomos sobrevivendo, minha mãe foi se aquietando, trabalhando o dia todo, ajudando a minha avó, e deixando que o tempo curasse suas feridas, mas ela se tornou uma mulher amarga e seus olhos se apagaram, vivendo o dia e a noite apenas, quase não falava e fazia tudo automaticamente, fazia tudo como se não estivesse presente. Era muito estranho.

Essa foi a nossa vida. Nós três fomos cuidando da pensão até que a minha avó morreu e, quando isso aconteceu, eu ainda era bem jovenzinha. Depois de muitos anos, foi a minha mãe e eu continuei, por muito tempo, ainda sozinha, com duas empregadas que me ajudavam. E assim foi até que eu não dei mais conta de manter a pensão aberta, a cidade cresceu, construíram hotéis e agora sou eu que estou também indo embora. Essa é a minha história, Celina, como você pode ver, passei uma vida sem graça a não ser o sofrimento da minha mãe e da minha avó, fora isso, nada demais. E acabei sem a minha própria história, por isso, a minha total indiferença pela vida. Mas sou muito feliz agora que conheci você – falou timidamente.

– Obrigada, querida, também sou muito feliz por conhecer vocês. E você nunca teve namorado?

– Imagine! Minha mãe me mataria! Ela me controlou a vida toda e morreu bem idosa, naquela época eu já tinha bastante idade, acho que uns quarenta anos, nem sei, e aí não dava mais, tive que me conformar com a solidão. Por isso lhe perguntei outro dia sobre o perdão, sabe, Celina? Eu não odeio o meu pai, apesar do que ele fez para minha mãe e, por consequência, para a minha avó e para mim também. Eu vi o sofrimento delas a vida toda, mas não consigo sentir raiva, não sei se é porque não o conheci; como posso ter raiva de alguém que para mim nunca existiu? Mas uma coisa aqui dentro me diz que era para ser assim. Deus nunca está errado, nós é que não entendemos nada da vida, não é?

– Que coisa boa, Inês, que você o perdoou, pois ódio nunca é bom, principalmente para quem o sente. Já foi provado cientificamente que o ódio adoece quem o sente, cria doenças terríveis e muitas sem cura.

– Às vezes penso que tenho a alma sem luz.

– Sem luz?

– É, eu quero dizer sem vida, nunca amei, nunca odiei e só fui vivendo um dia depois do outro.

– Não é assim, minha querida. É que você foi criada e cresceu entre pessoas amarguradas, que lhe passaram uma ideia errada do amor. O único amor que nunca decepciona é o amor divino. Tenha sempre isso na sua cabeça e este você tem de sobra e distribui para todos, e pode crer que nós temos muito amor por você. E o bom disso tudo é que você vai viver uma vida bem diferente desta, noutra encarnação e sem sofrimento e decepções, se Deus quiser.

– É isso mesmo, minha querida. Vamos todas ser muito felizes no futuro – falou Ada, comovida com o que ouviu, disfarçando as lágrimas.

– Obrigada por ter nos contado a sua história de vida, Inês. Achei bem interessante, mesmo, mas agora eu preciso ir andando para chegar antes do anoitecer. Vocês querem alguma coisa?

– Eu quero suspiros, Celina; se puder, é claro!

– É claro que posso, minha querida! E você, Ada?

– Não quero nada, Celina, nem os pãezinhos.

– Nada mesmo?

– Nada mesmo, muito obrigada.

11

A DESENCARNAÇÃO DE INÊS

E lá se foi a Celina, pensando que, apesar de tudo, muita coisa na realidade não mudou, ainda hoje muitas mulheres são abandonadas por seus companheiros porque ficaram grávidas e não quiseram abortar, mostrando a irresponsabilidade de pessoas que, sem escrúpulo nenhum, jogam com a vida de seres em formação, como se tivessem poder sobre elas. É muita prepotência do homem e também de algumas mulheres que pensam assim, relacionando-se sem cuidados, sem se comprometerem, e as mulheres, sonhadoras com o príncipe encantado, se deixam levar para um caminho que mais tarde só trará lembranças amargas, arrependimento e consequências desastrosas, principalmente quando retornarem à espiritualidade e tiverem que prestar contas da encarnação e o que fizeram dela.

Um tanto aborrecida com este pensamento, ela chegava em casa, quando da porta ouviu o telefone que tocava e correu a atender. Era seu filho.

– Oh, meu querido, como vai? Está gostando da vida militar? Ah é, vai ser transferido? Para onde? Ah...

Dias depois, pouco antes de Celina sair, o telefone tocou: era o Dr. Paulo.

– Você está bem? Preciso lhe dar uma notícia desagradável. Ligaram-me, de manhã, informando que Inês não estava muito bem; eu estive lá e a trouxe para o hospital; e acho que seria bom você vir vê-la, pois já a chamou algumas vezes. Ela quer muito falar com você.

– Sim, claro... tudo bem... eu estava, mesmo, me preparando para sair. Obrigada por ter ligado avisando, estarei aí daqui a pouco.

Um pouco mais tarde, Celina entrava no quarto do hospital onde a sua amiga agonizava aflita, respirando com certa dificuldade; mas quando Inês a viu, endereçou-lhe um sorriso e, no momento em que Celina se abaixou para lhe beijar a testa, segurando as lágrimas para não demonstrar a sua tristeza, ouviu-a lhe dizer baixinho:

– Muito obrigada, minha amiga, você foi um anjo bom que clareou nossos últimos dias nesta vida. Acho que foram as bênçãos que Deus me deu por não guardar ódio do meu pai. Estou sentindo uma paz e uma felicidade tão grande, que estou com vontade de chorar.

Enquanto uma lágrima escorria entre as rugas que lhe marcavam o tempo no rosto, Inês dava seu último suspiro de vida. Com um leve sorriso nos lábios, despediu-se de sua amiga Celina, deixando-a com uma mistura de sentimentos que iam entre a alegria de apreciar aquele momento de paz da amiga, que se despedia deste mundo de certa forma feliz, e a tristeza de não poder vê-la mais, pelo menos não tão cedo. Provavelmente se encontrariam num outro momento para desfrutarem do prazer de estarem juntas novamente.

Quando saiu dali, Celina foi até a casa de repouso para confortar Ada, que estava mais abatida ainda do que quando da morte de Estelita. Oraram juntas, leram o Evangelho como quando Estelita morreu e depois tomaram um chá enquanto conversavam para se distraírem. Com certeza era muito difícil para Ada ver suas amigas morrerem. Companheiras de todas as horas, de todos os momentos, pelo menos nesses últimos anos, mas assim é a vida desde que o mundo é mundo.

Ao se despedir, Celina pediu desculpas a Ada por não poder ficar mais tempo e nem vir no dia seguinte já que teria compromissos que lhe tomariam o dia todo e só ficaria livre bem no final da tarde, dificultando atravessar toda a cidade para ficar somente poucos minutos com ela, por isso só voltaria na quarta-feira. Abraçou-a com carinho e percebeu lágrimas rolarem pelo rosto abatido e cansado da amiga querida. Por alguns momentos ficaram enlaçadas num longo abraço de despedida. Celina saiu do quarto com o rosto banhado em lágrimas; cada dia ficava mais difícil separar-se das amigas que, pelas circunstâncias naturais da idade e da vida, estavam morrendo como passarinhos. Com o coração apertado, ela se dirigiu para o estacionamento, encontrando Paulo que acabava de chegar, chamado para atender uma outra senhora e já informado sobre a morte de Inês.

– O que foi? Não está se sentindo bem? Aconteceu alguma coisa? – perguntou ele, aflito, ao vê-la desmoronar, ali diante dele, sem nenhuma cerimônia.

– É que fui confortar Ada e, ao me despedir

dela para ir embora, me deu uma tristeza tão grande, pois parecia que não ia vê-la outra vez.

Paulo a abraçou oferecendo o seu ombro para que ela chorasse, ficando também por um momento muito comovido com a sensibilidade da amiga.

– Você vai ao enterro de Inês amanhã?

– Sim, eu vou; mas antes, bem cedo, tenho alguns exames de rotina para fazer, além de uma audiência jurídica na parte da tarde. Terei um dia cheio de compromissos, só voltarei aqui na quarta-feira, inclusive, já avisei Ada, aliás, é bom passar no quarto para vê-la. Achei-a muito abatida. Se você achar que eu deva voltar para acompanhá-la mais de perto, me avise, que eu dou um jeito de cancelar os meus exames e só saio na hora da audiência que a essa, sim, não posso faltar.

– Não se preocupe, minha querida, na idade delas passam dias tão deprimidas que achamos que vão morrer e dali a dois dias estão fortes e alegres novamente. Vá tranquila, e distraia-se um pouco pensando em outras coisas, você está precisando. Se eu não estivesse de plantão a convidaria para sairmos, quem sabe depois de amanhã? Mais tarde eu ligo para você. Vá com calma e com cuidado; você está bem para ir para casa sozinha e dirigindo?

– Estou bem, não se preocupe, é só emoção, uma mistura de sentimentos. Já vai passar. Até logo...

Celina entrou no carro e saiu do estacionamento enquanto Paulo, pensativo e um pouco preocupado, a via sumir no portão. Em seguida, virou para o outro lado e se dirigiu ao quarto da senhora doente.

Ada, no silêncio do seu quarto, fez mais uma oração a Deus pela querida Inês, que se despedia depois de tantos anos juntas, e em seguida pegou na mesinha de cabeceira o caderno que há tempos vinha escrevendo e se pôs a fazer anotações.

Como eu ia contando, hoje foi a vez da Inês; logo mais serei eu a me despedir de você, minha querida amiga. Mesmo agradecendo a Deus por me devolver a liberdade de poder me deslocar de um lado para o outro, ainda assim me sinto dividida em deixá-la, agora que a conheci, em troca da minha liberdade. Pois só em pensar já sinto saudade de você, da sua presença, de vê-la chegar com os braços cheios de mimos e o coração trazendo paz, amizade e

a alegria de uma companhia jovem e cheia de carinho nas belas tardes que passamos juntas. Também quero lhe dizer que o livro que você está lendo foi escrito por mim, só foram feitos alguns exemplares. Vou lhe contar como aconteceu.

12

DIÁLOGO DE CELINA E ADA

Na quarta feira, Celina empurrou com vagar e delicadeza a porta do quarto de Ada e ainda deu tempo de observá-la num cochilo tranquilo. Por uns momentos procurou fixar a sua imagem na mente e mais uma vez o seu coração apertou de saudade. Ada abriu os olhinhos pequenos e sorriu para a amiga que a observava em silêncio.

– Olá, minha querida, por que não me acordou?

– Porque acabei de chegar e, pela paz do seu rosto, voava num belo sonho...

– Sim, eu estava sonhando com uma cerimônia de formatura. Eu estava num grande salão, que parecia um teatro, onde sobre o palco, atrás de uma mesa comprida, estavam acomodadas algumas pessoas que entregavam diplomas para aqueles que eram chamados e eu havia acabado de receber o meu e acordei, nem sei em que me diplomei – falou sorridente e feliz.

– Que bom, minha querida, ninguém e nenhuma instituição oferecem diplomas a quem não merece, e se você recebeu é porque mereceu e, seja lá pelo que for, meus parabéns.

E as duas riram alegremente.

– É, pode até ser... – falou com aquele sorriso maroto tão do agrado de Celina.

– Então, minha amiga, como vai, passou bem? Trouxe-lhe pãezinhos australianos e geleia de damasco. O chá fica por sua conta.

– Vou mandar prepará-lo para nós duas, aceita me acompanhar?

– Sim, com muito prazer, minha querida; depois poderemos continuar a ler o romance, o que você acha?

– Primeiro vamos tomar o chá e depois continuaremos a leitura do romance, mas hoje, o que gostaria mesmo, é que me contasse alguma coisa sobre você, o que fazia antes de se aposentar e vir ler para mim e tudo o mais.

– Sabe, Ada, não há muito o que contar sobre

mim. Eu trabalhei até me aposentar numa repartição pública. Fui casada com um homem estrangeiro e tive um filho quase aos trinta anos. Logo depois, me divorciei e, depois disso, só fiz lutar pela guarda do meu filho, que cresceu entre um tiroteio de brigas e discussões até que o pai, que havia voltado para a América do Norte, apareceu para visitá-lo e levou-o para umas férias. Estando lá, foi fácil convencer o garoto a ir morar com ele definitivamente. Desde então, só o vejo ocasionalmente; para falar a verdade, já vai para o terceiro Natal que o vi pela última vez, apesar de conversar regularmente pelo telefone. Agora ele se alistou na marinha e está num navio viajando pelo mundo, o que me causa preocupações já que o governo americano, o que se sabe, pelo menos, vive em guerras e, com certeza, meu filho, daqui a pouco, estará no meio de uma. Com isso, fico muito triste e preocupada. Já tive depressão várias vezes e, justamente com a ajuda de vocês, por conta das tardes que passo aqui fazendo companhia e me distraindo, estou conseguindo viver sem remédios e me sinto feliz novamente, graças à nossa amizade. Ao vir aqui ler e conversar e, principalmente, me ocupar de alguma coisa e de pessoas como vocês consegui sair da depressão, estou curada.

– É assim mesmo, minha filha, para remendar um coração rasgado pela dor, seja ela qual for, só servindo ao seu semelhante. Por isso, Celina, mesmo depois da minha volta para o verdadeiro lar, junto de meu Pai, continue a servir às outras pessoas que moram neste abrigo, ou, talvez, em outro mais perto de sua casa, se for melhor para você. Não volte a ficar isolada e sem o que fazer. A depressão aparece pela falta de uma ocupação útil, de servir ao nosso semelhante. Existem muitas formas de se ocupar o tempo, e não permitir pensamentos negativos e servir é uma delas.

– A minha amiga Danúbia, que um dia vou trazer para conhecê-la, sempre me diz para eu arranjar uma atividade que seja prazerosa e ocupar meu tempo. E a prova que realmente isso funciona mesmo é me ver curada da depressão. "Ocupação para não doer o coração", agora é o meu lema e devia ser de todas as pessoas tristes. Até acabei conhecendo o Paulo aqui, não é mesmo? Agora estamos namorando de verdade.

Em seguida, foi servido o delicioso chá de maçã com canela e uma folhinha de hortelã fresca, o preferido de Ada, e as duas pararam de conversar por uns minutos, até que Ada recomeçou:

– E a sua amiga, como é o nome dela mesmo? Por que nunca veio nos visitar?

– É Danúbia, trabalhamos juntas desde o começo. Nós duas fizemos o mesmo concurso e começamos a trabalhar juntas no mesmo departamento e no mesmo dia, e por consequência, nos aposentamos juntas. Parecemos duas irmãs, uma sabe tudo da outra. E ela sempre me ajudou muito durante toda a vida, principalmente por conta dos meus problemas. Aquela é realmente uma grande amiga, uma boa pessoa, com um coração muito generoso. Ficou viúva pouco tempo depois do casamento e nunca mais quis se casar.

– Mas se é sua amiga, só pode ser parecida com você, estou falando de temperamento, é claro.

– Mais ou menos, Ada. Ela é bem engraçada, meio extravagante no vestir, gosta de roupas coloridas, está sempre com várias pulseiras e colares, fala alto e é muito divertida. Está sempre de bom humor. Mas como ela mora no interior, apesar de não ficar muito longe, não nos vemos sempre, mas estamos sempre telefonando uma para a outra.

– Você falou que ela é casada?

– Não, ela está viúva há muitos anos e nunca teve filhos. Vou trazê-la aqui na próxima vez que ela vier me visitar.

– Traga sim, vou gostar de conhecê-la também.

– Então, Ada, quer que eu continue a ler o romance?

– Não, minha querida; eu quero que você o leve para a sua casa e o leia até o fim, mais tarde você vai saber por que é importante que você conheça a história.

– Tudo bem, mas você não pode me adiantar os seus planos? – perguntou Celina, revirando os olhos, passando uma expressão de mistério bem engraçada, o que fez Ada rir com alegria.

– Não, mistério é mistério, se eu contar, deixa de ser interessante.

– Hum, estou curiosíssima.

Celina se levantou e se aproximou da estante onde o livro de capa de couro marrom e bem gasto de tanto ser manuseado ali descansava. Ao pegá-lo, virou-se, perguntando:

– Ada, você conheceu o autor deste livro, Ângelo A. Mig, ou é simplesmente um pseudônimo?

– Eu o conheci mais ou menos, mas depois conversaremos sobre ele. Por enquanto, quero que você leia o livro e só volte aqui quando acabar de lê-lo, está bem?

– Hum, que misteriosa você está me saindo, hem, Dona Ada?! Já fiquei curiosa não só pela história do livro, mas pela conversa que teremos sobre ela.

– É isso mesmo, e o mais interessante será a conversa que teremos sobre ela.

Celina ficou ainda mais um pouco fazendo companhia a Ada e saiu meia hora depois, encontrando o Dr. Paulo ao lado do seu carro no estacionamento.

– Olá! Estava esperando-a para convidá-la para jantar e irmos ao cinema, que tal?

– Pode ser, sim, estou precisando me distrair um pouco, espairecer...

– Foi o que pensei e eu também preciso descansar, tenho trabalhado bastante, mas gosto muito do que faço, só que, de vez em quando, preciso sair completamente fora por algumas horas pelo menos para descansar, só que vou com você, pois deixei o meu carro no hospital, depois eu pego.

– Tudo bem, querido, então iremos juntos, até é melhor já que o trânsito a esta hora está um caos. Quanto menos carros circulando, menos poluição.

No dia seguinte, Celina abriu o livro de capa marrom no lugar em que a fita, também marrom, demarcava onde tinham parado a leitura. Antes de começar a ler, ela se lembrou do olhar de curiosidade de Inês e Estelita pela história do livro e seus olhos se encheram de lágrimas e ia, até, voltar a fechá-lo, mas lembrou que Ada pediu que só voltasse lá depois de ter lido toda a história; então, reabriu e começou a ler, pois não queria ficar sem vê-la durante muitos dias.

Enquanto os empregados cochichavam nos seus aposentos de trabalho, assustados com o inusitado do momento, receavam, talvez, um ato desvairado e violento de Dom Rodrigo para com a sua família. Nicole, com o ouvido grudado na porta, tentava saber o que estava acontecendo e o que aquele silêncio sepulcral que se abateu sobre a casa queria dizer.

– Meu Deus, será que ele bateu em minha mãe? Eu nunca me perdoaria. Minha mãe sempre me defende das garras dele, mas desta vez acho que ela é que se feriu. Preciso descobrir o que está havendo, mas como chamar a atenção de alguém?Que silêncio absurdo!

Falava baixinho para si mesma enquanto olhava pela janela e para baixo, já que o seu dormitório ficava no andar de cima. Precisava saber o que fazer. Foi até a outra janela que ficava mais no fundo, já que o seu amplo quarto possuía três enormes janelas e abrangia todo um canto da construção, assim como o dormitório dos pais que ficava no lado oposto. Lembrou-se de que, nos tempos de infância, quando ficava de castigo, o que era bastante comum pelo rigor da educação, pendurava o seu lencinho com uma sinetinha pela janela, para chamar a sua criada nos fundos da casa sem que os pais soubessem. Assim, ela, furtivamente, recebia pelo mesmo modo seus doces preferidos e mantinha contato com alguém na casa, já que o castigo incomunicável durava pelo menos uma semana. Foi até uma gaveta, pegou um lenço e uma fita bem comprida, amarrou na sineta e passou tudo lentamente para fora da janela, sacudindo-a levemente quando alcançou a parte de baixo. Ali ficaria aguardando até que alguém a ouvisse e viesse em seu socorro para lhe contar o que estava acontecendo, o que só aconteceu duas horas depois, quando a sua criada pessoal pôde vir abrir a porta para atendê-la.

– O que está havendo? Estou morrendo de curiosidade! Ele bateu na minha mãe, me diga?! Porque, se for, eu vou matá-lo! Nem que eu viva cem anos, vou odiá-lo até além morte. Aliás, o odiarei pela eternidade por tudo o que ele está fazendo! Ah! Como o odeio, quero que ele morra como um cachorro.

– Credo, quanto ódio, isso só vai fazer mal a você; a boca fica amarga quando a gente guarda ódio, senhora menina.

– Mas eu o odeio e vou odiá-lo para sempre. Neste momento eu seria capaz de matá-lo com as minhas próprias mãos! Ah, como eu o odeio!

Enquanto se benzia várias vezes, a empregada passou o recado, querendo sair de perto daquela criatura que ela não conhecia mais. Nem parecia aquela que viu nascer. Parecia tomada pelo demônio.

– Valha-me Deus e Nossa Senhora! Sua mãe mandou que você descesse, pois ela quer lhe falar.

– Pegue o meu xale que estou com frio e vamos descer – ordenou, voluntariosa, enquanto descia as escadas com a cabeça altiva como uma rainha, à velha empregada que a tinha criado e conhecia bem o seu temperamento genioso e vingativo, mas nunca tinha presenciado tanto impropério naquela boca. Atravessou o enorme salão e parou diante da senhora Amelie que, sentada numa enorme poltrona, como de costume, bordava como se nada tivesse acontecido naquela casa, horas antes.

– O que foi, minha mãe?

– Nicole, seu pai deixou avisado que vai voltar na semana que vem e você deve estar de mala pronta, pois será levada para um convento onde ficará lá para sempre, para o resto de sua vida, como se tivesse morrido, segundo suas palavras.

Enquanto repetia as duras palavras do marido, lágrimas rolavam pelo rosto dela, e sua voz enfraquecia.

– Pois isso é que não! Até a volta dele terei um plano para fazê-lo parar de nos fazer sofrer. Ah, como o odeio! Se ele aparecesse neste momento na minha frente, pularia no seu pescoço e o estrangularia com minhas próprias mãos. Ai que ódio!!!

– O que está dizendo, senhora menina? Não fale assim que Deus castiga, você, assim, parece o seu pai, com o mesmo ódio, o mesmo rancor, isso não faz bem, não – intrometeu-se impulsivamente a criada, acompanhada da assustada mãe, que nunca tinha percebido na filha tal violência de caráter.

– Não fale assim, minha filha... Deus que lhe perdoe tamanha blasfêmia – falou, se benzendo várias vezes, com o olhar cheio de medo do castigo divino, que tinha certeza que se abateria sobre eles se aquele ódio não se arrefecesse.

– Pois então, ele vai ver o que é olho por olho e dente por dente.

As duas senhoras se benzeram ao mesmo tempo e nem tiveram coragem de retrucar alguma coisa, enquanto Nicole, feito um animal enjaulado, andava de um lado para o outro, bufando feito uma fera. Em seguida, sem dizer mais nada, Nicole, de cabeça erguida, como se carregasse uma coroa sobre a cabeça, se dirigiu para o escritório e lá ficou até que a criada veio chamá-la, comunicando que a refeição estava servida.

Finalmente chegou o dia da volta do tirano ao lar, o que ocasionou, desde a madrugada, um burburinho entre os empregados; só Nicole e a mãe guardavam uma serenidade assustadora para um observador mais arguto. Continuavam bordando à luz da janela, no canto do salão ricamente ornamentado.

Logo após servir o almoço às patroas, a criada Edwiges sumiu das vistas de todos e Amelie, acompanhada de sua filha, voltaram a bordar num dos cantos mais iluminados do amplo salão, caladas, entretidas no afazer.

Antes do sol se pôr, um empregado, aflito, acompanhado do mordomo, também visivelmente angustiado, pediu licença para falar pessoalmente com a patroa.

– De que se trata, Astolpho?

– Licença, Senhora, não trago boa notícia. Houve um acidente e o patrão, Dom Rodrigo, está quase morto à beira da estrada, aqui perto. Já estão trazendo ele para casa e já devem estar chegando.

Amelie e Nicole se entreolharam e levantaram-se ao mesmo tempo, dirigindo-se rapidamente à porta de entrada que o mordomo, indo à frente, abriu com certa rapidez, de par em par, dado o inusitado da situação.

Lá fora, chegando numa carroça, jazia inconsciente o senhor da casa. Dom Rodrigo havia sofrido um acidente quase fatal, que o deixara em situação lastimável.

As senhoras correram a olhar, mas não resistindo, esconderam instintivamente os olhos com as mãos para não verem a dolorosa cena.

– Como isso aconteceu? – perguntou várias vezes, com aflição, Amelie, acompanhada da indiferença disfarçada em mal-estar de Nicole que, logo em seguida, correu para o seu quarto, subindo as escadas mais rápido ainda do que sempre fazia. Jogou-se na cama e lá ficou até o anoitecer, com o coração aos pulos e o pensamento aflito e incoerente, numa mistura de prazer e dor.

Enquanto isso, o empregado explicava para Amelie o acontecido:

– Senhora, o carro já tinha entrado na propriedade quando a parelha de cavalos se deparou logo na primeira curva, aquela que beira o rio, que passa bem perto da barranca, com um enorme galho de árvore atravessado no caminho. Como vinham correndo muito, os cavalos se assustaram, não dando tempo de pular por cima, e cada um puxou o carro para um lado, fazendo-o tombar e cair barranca abaixo. Quando retiramos Dom Rodrigo de dentro do carro, ele estava assim, como pode ver, com os olhos parados e respirando fraquinho; acho que quebrou o pescoço.

– E você, como está aí vivo?Não era você o cocheiro?

– Sim, senhora, mas quando vi que não ia dar para pular com os cavalos e o carro por cima do galho de árvore que estava no chão, eu gritei e pulei, mas não deu tempo de Dom Rodrigo pular também. Tudo aconteceu muito rápido e eu não entendi o que aquele galho fazia ali.

– Está bem, agora vamos levá-lo para cima e chamar o médico. Vá você mesmo fazer isso enquanto leva alguém para limpar a estrada para que ninguém mais se machuque. Vá, ande rápido e não se demore pelo caminho se é que vai dar tempo de socorrê-lo, pois parece estar mais morto do que vivo. Louvado seja Deus! – falou enquanto se benzia várias vezes.

Amelie acompanhou os empregados que o colocaram na cama, arrumando-o com uma camisola para esperar o médico. Enquanto o médico não chegava, Amelie foi até a capela orar mais por ela e a filha *do que por ele, que nunca as amou e muito as maltratou, mas o seu coração, temente a Deus, sabia que precisava perdoá-lo para poder ser perdoada e ir para o céu. Afinal, foi assim que aprendeu.*

Infelizmente, o médico já o encontrou morto, o que de nada adiantou ter vindo de tão longe. Mesmo assim, ao saber dos detalhes do acidente, como aconteceu, o doutor disse que se ele sobrevivesse, nunca mais iria andar e talvez nem falar, pois tinha quebrado a espinha dorsal. Horas depois, um velório foi armado naquela casa e que, de tão sombria, tornava o ambiente quase tétrico. Cortinas de veludo negro nas janelas e, no grande portão da propriedade, uma enorme bandeira de luto foi içada para que os vizinhos e transeuntes pudessem saber que ali naquela vivenda havia morrido alguém muito importante, o que fez com que durante dois dias, vizinhos e visitas entrassem e saíssem, enquanto a esposa e filha faziam as honras da casa. Os empregados não paravam de servir as pessoas que ali permaneciam, acompanhando aquele momento doloroso para a família. Não era bem este o caso, mas, assim mesmo, seguia-se o ritual. Um padre foi chamado e chegou só na manhã do dia seguinte para encomendar-lhe a alma de acordo com os costumes e acompanhar o sepultamento.

Neste momento, a campainha do telefone tocou dando um susto em Celina, que estava tão absorvida pela leitura que nem tinha percebido o tempo passar.

– Olha só a minha querida Celina, que se esqueceu da amiga, tão envolvida com o novo namorado e suas velhinhas. O que está acontecendo, Celina, que você nem liga mais para mim? Fui jogada para o canto como uma boneca velha, é?

– O que é isso, Danúbia, você sabe que o seu lugar no meu coração ninguém tira. E que ataque de carência é este? Faz só dois dias que liguei para você... como vai? Que bom que ligou, estava mesmo querendo falar com você e até pensei em ligar mais tarde, mas me conte, o que anda fazendo de bom?

– De bom, nada, só o de sempre.

– Mas o seu "de sempre", sendo você, é sempre muito bom. Quando vai aparecer por aqui? Outro dia estava conversando com a Ada, sabe? E ela demonstrou interesse em conhecê-la.

– Assim que der eu vou, mas agora, nesses próximos dias não vou poder porque farei uma série de exames. Estive no médico outro dia e ele me falou que a minha pressão está alta e me mandou fazer vários exames, mas assim que eu tiver resolvido isso, irei, sim, pois quero conhecer o Dr. Paulo... hummm... como ele é?

– Ah, é gentil, educado, simpático, enfim, um cavalheiro.

E assim as duas ficaram trocando confidências por horas, sem perceber o tempo passar, como sempre. Adoravam conversar e não economizavam tempo para isso.

No dia seguinte, Celina mal acordou, o telefone tocou. Com o coração batendo forte, pulou da cama e o atendeu, trêmula, prevendo uma má notícia, pois ninguém costumava ligar tão cedo.

– Celina, sou eu, Paulo. Minha querida, novamente não tenho boa notícia, acabei de chegar do abrigo e constatar o óbito de Dona Ada... Desculpe-me, não sei como lhe dizer isso de outra maneira, mas era previsível, não é?

– Como foi? – perguntou, com a voz apagada e trêmula enquanto as lágrimas escorriam pelo rosto. Mesmo esperando uma notícia dessas a qualquer hora, ainda assim, era doloroso.

– Ela não sofreu nada, querida, quando a enfermeira foi ministrar a primeira medicação do dia, a encontrou morta. Ela morreu dormindo e estava feliz, pois ainda traz um sorriso nos lábios. Você vem até aqui para irmos juntos? A família é do interior e estão vindo buscá-la. Eu vou acompanhá-los até lá, representando a casa de repouso a pedido da direção. Tenho o maior carinho por elas todas lá da casa e nesse caso mais ainda, pois foi graças a elas que encontrei você.

– Ora, Paulo, não brinque numa hora dessas...

– Mas minha querida, é a mais pura verdade.

– Está bem, vou me vestir e estarei pronta quando você chegar.

– Então vou tomar café com você, pois deixei o plantão agora há pouco e nem tive tempo para isso já que fui direto para lá.

Horas mais tarde, uns poucos carros acompanhavam o corpo de Ada pela rodovia ensolarada. Celina, calada, levava no colo, além de um delicado vaso de violetas, dois cadernos amarrados com uma fita azul, que tinha recebido das mãos de uma funcionária da casa de repouso, com a missão de entregar para ela. Era uma espécie de diário ou o rascunho de um livro, escritos em letra bem desenhada pela Dona Ada e falava dela mesma e de suas experiências que, assim por cima, não dava para saber direito, mas devia ser muito interessante, vindo de quem vinha. Iria ler mais tarde quando estivesse sozinha em casa. Ao chegarem ao lugar onde seria a cerimônia do velório, já estava reunida uma quantidade bem grande de pessoas e entre eles o casal Azevinhas, que Celina conheceu na excursão para as montanhas com Danúbia e, por conta de fazer um favor para eles, conheceu Ada. Foi um reencontro agradável e comovente, pois Celina, muito emocionada, quis agradecer a eles por terem lhe dado a oportunidade de conhecer pessoas tão interessantes e principalmente ter-se curado de uma fortíssima depressão por conta de ocupar-se de tarefa tão agradável, que foi passar as tardes com Ada e suas amigas, e aí contou para eles parte desse inesquecível convívio que modificou para sempre a sua vida.

Depois da cerimônia do sepultamento, Paulo convidou Celina para aproveitarem a viagem e irem até a cidade dele, que era perto, e rever os amigos, no que Celina concordou prontamente. Foram muito agradáveis aqueles momentos que estiveram entre os amigos e até aproveitaram para contar a notícia de que eles pretendiam morar juntos brevemente, o que causou muita alegria entre todos.

13

A REVELAÇÃO DE ADA

Alguns dias depois, quando ficou só e restabelecida dos momentos de tristeza e saudade, Celina abriu um dos cadernos que Ada deixou para ela e que levava o número um na capa; em seguida, sentou-se confortavelmente e começou a ler:

Minha boa e querida Celina. Quando você estiver lendo estas páginas, eu já estarei liberta deste corpo pesado que carreguei por quase cem anos e estarei muito feliz, pois novamente estarei de posse só do meu corpo fluídico. Assim como uma lagarta, fiquei em estado de crisálida durante anos para que agora, transformada numa borboleta, pudesse voar para Deus que, com certeza, espera por mim. Não vejo a hora de que isso aconteça para poder ir e vir

para onde eu quiser (espero merecer de Deus esta dádiva), mas antes quero deixar a história da minha vida, que lhe contarei nestes cadernos, dando-lhe plenos direitos de dar a ela o destino que bem entender.

Pois bem, minha querida, continuando de onde parei naquele dia em que começamos a ler o romance, eu não sabia nada da vida e do mundo, como a maioria das meninas daquela época, mas tinha sonhos puros e ingênuos de conhecer um moço e escolher por mim mesma aquele que seria meu marido e pai dos meus filhos e com quem casar; daí, pedi ao meu pai que me liberasse do compromisso de noivado por ele decidido com o Eduard.

Mas ele foi inclemente e duro como uma pedra e não permitiu de jeito nenhum que eu fizesse isso, sob pena de me deserdar e de me renegar como filha. Jurou colocar-me num convento para o resto da vida, atitude tão comum naqueles tempos, em que pais, se sentindo impotentes diante da rebeldia das filhas, tomavam esta atitude drástica que resolvia de imediato suas aflições e, na maioria das vezes, enterrava viva a filha entregando-a a total infelicidade, isolada do mundo e dos seus entes queridos. Essa atitude apavorou ainda mais a minha tão sofrida mãe, que não merecia tal coisa de minha *parte.*

E assim, minha querida Celina, fui obrigada a continuar com os arranjos da cerimônia, haja vista o gasto dos preparativos em andamento, o título de Baronesa que eu deixaria de receber se não me casasse, a união de bens e a ascensão social, ambições que meu pai possuía em abundância e nunca se preocupou em esconder. Daí, se negou terminantemente a atender o meu pedido e ficou tão bravo, que mais um pouco eu ainda apanharia uma surra memorável de cinta e fivela como fez tantas vezes na intenção de me educar.

Só que o destino sempre atravessa o nosso caminho, alterando todo o traçado que pretendíamos realizar por nossos meios, e o que às vezes parece ser um mal, se torna um bem para nós, e o que nos parece ser um bem para a ótica da nossa ignorância, vai nos fazer mal.

Assim, poucos dias antes do casamento, eu fui ao escritório do meu pai à procura de um documento para levar até a Igreja onde seria celebrada a cerimônia. Foi quando me deparei, dentro de uma gaveta, entre outros papéis, com um pacote contendo algumas cartas escritas em letras rebuscadas, de estilo bem feminino e di-

ferentes entre si, o que denotava que elas foram enviadas por mulheres diferentes e nenhuma das letras era a de minha mãe. Estavam amarradas e escondidas bem no fundo de uma gaveta fechada, cuja chave ele havia esquecido sobre a mesa, mas como fui educada para não mexer no que não era meu, guardei tudo de volta e saí apressada, com o coração batendo no pescoço. Foram momentos horríveis de decepção e desencanto por aquele homem que se dizia meu pai.

Enlouquecida de ciúme, a partir daquele momento, passei a odiá-lo, pois pude confirmar que era um mentiroso prepotente e tirano, exigindo um sacrifício sobre-humano de minha parte enquanto tinha a coragem de guardar em seu escritório cartas de mulheres. Não entendia como ele podia ofender assim a minha presença e a de minha mãe, pessoa totalmente dedicada a ele e à família e, acima de tudo, muito decente. A minha reação àquela decepção foi tão violenta, que fiquei doente. Passei tão mal durante dias, que o meu casamento precisou ser adiado para o mês seguinte enquanto estive febril e debilitada.

O médico foi chamado várias vezes nesse período e diagnosticou achaque de moça noi-

va às vésperas do casamento. Não sei bem o que ele quis dizer com isso, mas pelo menos era um nome pomposo para substituir a palavra decepção. A curiosidade me matava, eu queria saber quem eram aquelas mulheres que lhe escreveram, quando tinham escrito aquelas cartas, antes ou depois de ser casado com a minha mãe? O que as cartas continham? Se ele as guardava era porque eram importantes, sendo de antes ou depois de ser casado com a minha mãe. O desejo incontrolável de saber as respostas foi tomando conta de mim, mas eu não conseguia ficar sozinha e nem ter acesso às chaves das gavetas; tudo isso era de uma aflição causticante que me corroía as entranhas com sentimentos desconexos e até então desconhecidos e que pioravam cada vez mais o meu estado de espírito, descontrolando as emoções e, por consequência, piorava o meu estado de saúde, fazendo voltar a febre, provocando idas e vindas do Dr. Madeira Leme à nossa casa em horas imprecisas. Uma mistura de sentimentos tomou conta do meu ser. No meu pensamento, não admitia que o meu pai tivesse feito aquilo comigo e com a minha mãe.

Eu sentia uma raiva profunda, um ciúme doentio, uma sensação de impotência diante dele, do seu egoísmo e da sua atitude arrogante. Eu não queria mais vê-lo de maneira nenhuma e não sabia como resolver isso, já que ainda me restava mais um tempo pela frente antes de casar e me mudar dali, mas ele sempre seria o meu pai e eu não tinha como desaparecer com esta realidade.

Até que, dias depois, a crise regrediu e eu já estava bem melhor de saúde física e mental. Fortalecida graças à persistência de todos e, acredito hoje, muito às orações fervorosas da minha mãe, eu melhorei consideravelmente, e aproveitando enquanto o meu pai cavalgava e minha mãe estava ocupada com seus afazeres, fui até o escritório e consegui mais uma vez pegar e finalmente ler aquelas cartas. Aí, minha querida, se você não estiver sentada, o faça, pois vai cair para trás, com certeza, como eu quase caí ao constatar uma realidade para mim jamais pensada. Imagine, cara Celina, o susto que levei ao me deparar com os comprovantes das mentiras e da falsidade do meu pai! Pois eram cartas das mães de Estelita e Inês. Uma dava conhecimento da morte do irmão de Estelita, outra, do nascimento dela, e a terceira, com notícias sobre Inês.

Sim, minha amiga, elas são minhas irmãs,

filhas do meu pai, que traiu e enganou a minha mãe durante anos, durante as viagens que ele dizia que eram a negócios e elas morreram sem saber disso, pois nunca tive coragem de contar para as minhas irmãs e nem à minha mãe o enganador que o meu pai era para todas nós, pois tinha vergonha da atitude dele e imaginei que elas também teriam se soubessem; então, achei que nada seria diferente se elas viessem a saber, talvez só fosse botar mais lenha na fogueira do ódio, e de ódio o mundo precisa se livrar para continuar evoluindo, não é verdade, minha querida?

Mas mesmo com os meus limites, vivi para cuidar delas com amor e dar a elas o carinho que meu pai nunca deu. Formamos uma família desde que as conheci já morando aqui na casa de repouso. Mas para isso, minha querida, tive que brigar muito também com os parentes do interior, que não entendiam por que vim morar tão longe, justamente quando estava velha e sem andar.

Mas encontrei a solução comprando esta casa de repouso que deixarei como fundação para os menos felizes, com atendimento gratuito. Mas tudo valeu a pena, foi muito bom ter convivido com a Estelita e a Inês e isso foi muito importante para mim. Fui muito feliz convivendo com minhas duas irmãs e acredite, Celina, eu as amei de verdade, do fundo do meu coração.

Mas voltando mais atrás, quando acabei de ler as cartas, meu corpo tremia desesperadamente, quase sem controle, dos pés à cabeça e eu nem sei lhe dizer como consegui esconder tudo na gaveta, trancá-la e ainda voltar para o meu quarto sem que ninguém me visse. Foi um tormento insuportável, que me deixou prostrada no leito de uma forma tão intensa, que o Dr. Madeira Leme precisou ser chamado às pressas novamente, pois a febre subira e eu delirava. Quando de madrugada finalmente a febre baixou, o Dr. Madeira Leme pediu aos meus pais que me deixasse a sós com ele e me perguntou o que realmente me afligia, o que eu estava sentindo que me causava tal aflição, que eu podia contar para ele e, se fosse um segredo, poderia confiar que ele o guardaria para sempre.

Daí, angustiada com tamanho peso sobre os ombros, consegui contar o meu achado. Foi um alívio poder dividir com alguém aquilo tudo. Ele me tranquilizou dizendo que isso era mais comum do que eu poderia supor, já que isso fazia parte do comportamento da maioria dos homens e que eu me preparasse para cuidar muito bem do meu marido para isso não acontecer. E naquela noite ele me fez tomar um calmante tão forte, que eu dormi mais de doze horas, deixando minha mãe aflita e muito preocupada, apesar de o Dr. Madeira Leme ter-lhe avisado que isso ocorreria.

Quando acordei no dia seguinte, já tinha passado muito do meio-dia. Depois de tomar banho e comer, já que estava me sentindo bem, resolvi passear pela propriedade e apanhar um pouco de sol. Andei pelos galinheiros, olhei os cavalos e até dei uma volta no meu, que pedi para o empregado colocar os arreios e fui até um pequeno bosque respirando um ar mais puro e me acalmando cada vez mais. Eu estava leve e calma. Passeei de um lado para o outro nem sei por quanto tempo, e depois fui para casa calmamente, deixando o cavalo perto da cozinha.

Ao entrar em casa, encontrei o meu pai de pé na sala, até demonstrando estar muito feliz por me ver bem e andando a cavalo como lhe tinha dito minha mãe, com certeza, e correu para me dar um abraço numa atitude since-

ra e extravagante para aqueles tempos, demonstrando de verdade que estivera muito preocupado comigo e com a minha saúde.

Naquele momento, Celina, uma revolta interior tomou conta de mim com tanta violência, que fui arrebatada pela fúria do ódio, que mais um pouco eu o mataria com as minhas próprias mãos se pudesse. Eu mesma me assustei com os meus sentimentos e saí correndo em direção aos fundos da casa. Pulei sobre o meu cavalo, que ainda estava com os arreios e, apressadamente, saí galopando feito uma louca enquanto chorava e orava para Deus tirar aquele sentimento do meu peito, pois eu estava muito assustada com aqueles sentimentos estranhos e tão profundos e não entendia como eu podia odiar tanto assim o meu pai. Desesperadamente, pressionei ainda mais o meu cavalo, aumentando a velocidade e assustando vários empregados que trabalhavam na fazenda que, ao me verem passar naquela disparada, correram com seus cavalos também em desesperada perseguição, achando que era o cavalo que se assustara com o meu montar brusco. E numa manobra precisa pretendiam pará-lo passando-lhe à frente e segurando suas rédeas, como faziam quando isso acontecia.

Mas eles não podiam imaginar que era eu, enraivecida e sem controle emocional, que cada vez mais atiçava o cavalo para que corresse, daí a tropeçar num tronco e cair com cavalo e tudo embolado em cima de mim, numa fração de segundos.

Felizmente, tudo se apagou e, para mim, o mundo parou, ali trazendo-me a ausência, o nada. Para todos que assistiram, foi uma tragédia, um castigo por ter respondido mal ao meu pai. Uma blasfêmia contra as leis divinas que mandam se respeite pai e mãe. Só que se esquecem que nossos pais, antes de tudo, são seres humanos passíveis de erros e não deuses como muitos queriam que os filhos os considerassem. Fui levada inconsciente para casa e depois para a Santa Casa, onde o Dr. Madeira Leme trabalhava e me atendeu prontamente. Fiquei em coma vários dias sob os cuidados dele e de sua equipe. Porém, durante aquele período em que estive inconsciente, estranhamente eu vivi uma vida em paralelo. Eu regredi ao passado e relembrei, por várias vezes, cenas que se repetiam quase o tempo todo; era uma vida anterior a esta, uma encarnação passada, que eu vim a saber depois, em que agi de forma inconsequente e com muito ódio.

14

MAIS REVELAÇÕES

Em "No Passo da Valsa", a história do romance que você estava lendo, eu vivi juntamente com as minhas duas irmãs, a Inês e a Estelita, um acontecimento infeliz, levado pela minha ignorância e atraso espiritual do qual me arrependo com sinceridade. Estelita era a Edwirges, a minha pajem, empregada que me acompanhava e obedecia em tudo, e a Inês era a minha mãe, pessoa discreta, quase apagada, incapaz de qualquer maldade pela própria iniciativa. As duas, induzidas e até obrigadas por mim, envolvidas no meu ódio e desequilíbrio, providenciaram uma emboscada levando ao acidente que levou meu pai à morte e que arquitetei nos mínimos detalhes. Fiz tudo isso levada pela vingança, pois o odiava até as profundezas da minha alma, pela truculência e arro-

gância com que nos tratava, pelo ciúme que eu sentia ainda por ele, além de uma mágoa profunda que me destruía o raciocínio.

Na realidade, não esperava que ele morresse, mas, pela total falta de recursos, foi impossível salvá-lo. Talvez o destino dele também não fosse morrer assim, mas ficar sem poder andar para o resto da vida iria ajudá-lo a derrubar o seu orgulho, porque o meu derrubou; com certeza, é a Lei de Deus, sempre perfeita.

A minha maldade e o espírito de vingança eram tão fortes, que obriguei minha mãe e minha pajem a me obedecerem cegamente a ponto de elas transgredirem a Lei de Deus armando a cena do crime, e isso foi mais um delito que eu precisei reparar.

E quando voltei para a espiritualidade, mergulhada em mais dívidas do que quando cheguei, envolvida com Espíritos de toda a ordem, fiquei perambulando na erraticidade completamente desajustada, em total desequilíbrio por um tempo que não saberia dizer.

Mas a bondade Divina não nos abandona nunca. Certo dia, exausta e perdida em mim mesma, fui visitada naquele lugar horrível,

cheio de formas-pensamento monstruosas, por uma equipe de benfeitores que me retiraram daquela situação, dando-me mais uma chance de reparar minhas faltas, reencarnando brevemente para mais um ajuste de contas com meu pai, Estelita e Inês. E eu só pude agradecer a Deus a bendita oportunidade.

A atitude do meu pai com relação às mulheres, em que pese a época e os valores vigentes, era justificada, pois ele morreu nas últimas encarnações sabendo que tinha sido traído na confiança pelas mulheres da sua casa e que nessa encarnação sabia que não deveria confiar nelas, pois seu inconsciente lhe dizia que elas não eram confiáveis, daí o seu desespero em querer ter um filho homem e ignorar todas as mulheres que, de alguma forma, cruzavam o seu caminho.

E o mais interessante é que nesta encarnação quase aconteceu a mesma coisa, repetindo-se várias situações que reacenderam na minha lembrança, no meu inconsciente, o amor, o ódio, o ciúme, a vingança e que eu deveria acordar para vigiar os meus sentimentos e não cometer o mesmo delito; infelizmente, me deixei arrastar por ser ainda jovem e rebelde e por ainda não conhecer a lei de causa e efeito.

Eu não entendia ainda que somos colocados frente a frente aos nossos desafetos para educar e modificar os nossos sentimentos e transformá-los em amor. Foi a explicação que tive de tudo o que aconteceu e que eu não faria uso de minhas pernas nesta vida para ter mais tempo de meditar, me recolher e aprender a perdoar, ter humildade, agradecer àqueles que me servem, a amar e principalmente a compreender a lei de causa e efeito que nós aprendemos tão bem quando estudamos o Espiritismo. Precisava muito exercitar a humildade, e esta era a minha chance e eu não poderia perdê-la por nada. Mas isso demorou um tempo para eu entender, infelizmente, pois tive que começar do zero com a ajuda do Dr. Madeira Leme, que me abriu as portas dos estudos espíritas além de fazer o Evangelho no Lar na minha casa, uma vez por semana, juntamente com minha mãe querida e a ajuda dos amigos da espiritualidade. Assim, devagar, eu consegui me transformar numa pessoa melhor para dar continuidade à minha tarefa de redenção junto a todos aqueles que eu prejudiquei e que se envolveram em equívocos por conta do meu autoritarismo insano.

E novamente, foi graças à ajuda do Dr.

Madeira Leme que, fazendo as vezes de detetive, pude encontrar as minhas irmãs e conviver com elas ainda algum tempo. Vou lhe contar como as encontramos. Ao sair do hospital e voltar para casa, o Dr. Madeira Leme ia me visitar todos os dias e anotava tudo o que eu contava sobre aquelas experiências de sonhos durante a minha inconsciência.

Ele nunca demonstrou que o meu sonho durante o coma era loucura ocasionada pelo meu estado de inconsciência temporário; pelo contrário, tinha uma visível curiosidade em saber mais detalhes e me pediu para que escrevesse num caderno tudo o que eu me lembrava, e até acompanhou cada capítulo me estimulando a memória com relaxamento e orações.

Disse-me que mandaria fazer um livro para que eu guardasse e lesse a minha história de vez em quando para não esquecê-la nunca mais, pois me seria muito útil na minha regeneração. Já o meu pai e a minha mãe achavam que era tudo consequência do tombo.

Com a desculpa de escrever o meu livro, fui colocada no escritório do meu pai enquanto ele viajava, coisa que achavam que era mais um capricho de menina mimada e, com a ajuda do Dr. Madeira Leme, que me apoiava em tudo, encontramos as cartas e ele anotou os endereços, recolocando-as no lugar.

Quando terminei de escrever o livro, me interessei em saber sobre o paradeiro de minhas irmãs, mas precisei esperar algum tempo para conseguir isso.

O Dr. Madeira Leme era um espírita estudioso, como lhe disse antes, e compreendeu logo que o meu caso era uma prova, consequência da lei de causa e efeito, e para melhor eu entender aquilo tudo, foi me trazendo livros espíritas, me dando primeiro as obras básicas e, de vez em quando, um romance. Assim, me instruí quanto à importância desta oportunidade bendita que Deus me proporcionou.

Passado mais um tempo, eu demonstrei a ele a vontade de saber notícias das minhas irmãs e, assim que apareceu uma oportunidade, ele viajou para a Capital para dar início à investigação propriamente dita do paradeiro delas, e se hospedou diretamente na pensão de Inês, onde ficou lá por duas semanas investigando e fazendo amizade com aquela moça discreta e tímida, que pouco falava, mas que pôde

observar ser uma moça simples, culta e muito educada.

Assim que o Dr. Madeira Leme chegou, veio logo me contar com que facilidade encontrou a minha irmã Inês, como ela era, o seu jeito meigo e triste de ser e tudo o mais, o que me fez muito feliz. Daí em diante, já totalmente envolvido com a minha causa, ele foi investigando por conta dele mesmo junto aos amigos de meu pai.

Certo dia, lá na minha cidade, ele descobriu que um deles costumava viajar junto com meu pai com frequência, daí, numa conversa informal, numa reunião de amigos em comum, descobriu o hotel onde eles se hospedavam na capital e, mais um pouco, e é bom que se diga, espontaneamente. Contou até um favor que fez para o meu pai algumas vezes; contou até que certa vez foi entregar na Capital, para uma costureira famosa, um dinheiro. Foi numa época em que ele não pôde viajar, principalmente depois do meu acidente. Daí, o próprio Dr. Madeira Leme arrumou um detetive com a incumbência de mandar um relatório de tempos em tempos dando informações do paradeiro e das atividades das duas, de Inês e Estelita.

Depois de anos de acompanhamento, recebi um relatório do detetive me dando conta do paradeiro de Estelita, que tinha fechado a sala de costura e se mudado para uma casa de repouso, num bairro novo e muito agradável. Em seguida, pedi ao Dr. Madeira Leme que fosse até a Capital e se hospedasse novamente na pensão da Inês para que a convencesse veladamente a se mudar para a mesma casa de repouso onde Estelita morava, o que não foi difícil, pois por conta das mudanças naturais que o progresso promove, a pensão já não funcionava mais a contento. E realmente, ela não sabia mais o que fazer, e até achou uma excelente ideia a daquele amigo, que parece que foi enviado por Deus para lhe mostrar um caminho. Ele ainda sugeriu que ela viajasse um pouco, antes de se mudar definitivamente, para conhecer um pouco a respeito do mundo, mas ela respondeu que não havia motivo e nem vontade mais para isso e o tempo passou e o sonho ficou para trás. Que ela era acomodada e preferia morar num lugar onde sempre tinha gente para conversar, assim como na pensão tinha sido a motivação da sua vida, conhecer pessoas e conversar. O Dr. Madeira Leme ainda lhe deixou o endereço da casa de repouso onde Este-

lita estava morando, lhe passando ótimas referências sobre a casa, que era uma construção nova e bem organizada, que certa vez visitou como médico certa pessoa e lhe contou maravilhas, o que a fez agradecer mais ainda a gentileza daquele senhor respeitável e tão gentil que ela conhecera algum tempo atrás, e que agora havia voltado a se hospedar na pensão dela. Com o endereço na mão, lendo e relendo várias vezes o que o Doutor havia escrito, ela lhe afirmou que iria ver isto o mais breve possível e, se desse certo, em pouco tempo se mudaria. E mais tarde, muito feliz, foi correndo à igreja contar ao padre e agradecer a Deus a ajuda. E foi aí que as duas vieram morar aqui primeiro, pois eu ainda demorei um pouco até que a minha mãe, já bem idosa, faleceu e eu pude então vir para cá e conviver finalmente com as minhas irmãs queridas, e pode crer, minha boa Celina, estes foram os anos mais felizes da minha vida. Pude abraçá-las e chamá-las de minhas irmãs, o que me comovia profundamente, só que, como lhe contei, para isso foi preciso comprar a casa de repouso em segredo, tornando-me apenas mais uma moradora, mas foi por uma boa causa. E assim, como você pode ver, tenho muito a agradecer a Deus a bênção que foi a minha vida. Além de bons amigos encarnados que me serviram até o meu último dia, e aqui abro um parêntese, pois faço questão de deixar o meu humilde agradecimento a todas as pessoas pelo muito que fizeram por mim a vida inteira: mantendo a minha higiene, me alimentando e me proporcionando bem-estar dentro das minhas condições limitadas, nunca me deixando faltar nada, nem a atenção e nem o conforto do atendimento carinhoso e fraterno, fecho parêntese.

Então, com toda essa ajuda, minha querida, eu fui criando coragem para enfrentar cada segundo de vida, um dia após o outro, e muitos outros mais, que eu teria dali para a frente. Apesar da imobilidade das pernas, meu coração não se entristeceu nunca, pois, durante o coma, encontrei um Espírito amigo a quem eu lhe dei o nome de Ângelo A. Mig, que está como autor da minha história. Foi ele que me explicou tudo o que aconteceu em vidas passadas, quem me contou também algumas passagens de outras vidas mais atrás, que não coloquei no livro, mas está escrita no caderno de número dois, quem me explicou por que o acidente me deixou sem andar e aí eu compreendi por que era necessário passar por uma prova difícil como essa. Ele me disse também que era muito importante que eu aceitasse a prova com boa vontade e disposição, pois assim eu seria feliz e resgataria o meu débito de forma suave e teria paz no coração, até porque fora eu mesma que tinha concordado em vivê-la para saldar os compromissos que havia contraído em vidas passadas. Daí que foi necessário passar por tudo isso, mas que eu tivesse fé em Deus e que, principalmente ele, este meu amigo, estaria sempre ao meu lado e realmente, Celina, sempre me senti protegida durante toda a minha vida. Ah, têm mais alguns detalhes:

Numa vida anterior, mais de um século atrás da época do romance, eu vivi uma relação de amor e fascinação com este que foi meu pai, mas naquela vida era meu marido. Só que ele brincou com os meus sentimentos e não correspondeu ao meu amor, não foi fiel, causando-me um sofrimento terrível. Fui traída e maltratada pelo homem que era a paixão da minha vida e nunca me conformei com a atitude dele e, de ciúme, eu o matei procurando depois, no suicídio, a fuga para a minha dor.

Depois de muito sofrimento de ambos no mundo espiritual, banhados em sentimentos confusos de amor e ódio, fomos levados a fazer um tratamento espiritual de recuperação e equilíbrio para voltarmos à experiência reencarnatória. Daí viemos como pai e filha: José e Dalila, filha de Angelita, esposa de José, a quem envenenei de ciúme com o meu amor, para depois voltarmos novamente como Dom Rodrigo e Nicole, filha de Amelie, a história do livro; mas a pressão dele, o desdém com relação ao sexo feminino, a prepotente arrogância e intolerância para com as mulheres, de uma forma geral, não resolvida pela reeducação espiritual, foi desestruturando os laços de parentesco, trazendo à tona só o ciúme doentio, levando novamente ao desequilíbrio e ao ódio vingativo.

Mas graças às oportunidades que o Pai nos dá, de repetir quantas vezes for preciso as experiências para o nosso aprendizado, o rancor e o ódio vão se acalmando, se dissolvendo nas águas do amor até, finalmente, se dissiparem totalmente.

E, graças a Deus, antes de meu pai morrer, eu tive ainda a oportunidade de lhe pedir perdão e também perdoá-lo por tudo, pois principalmente aprendi que sempre agimos mal por

conta da nossa extrema ignorância e nosso atraso espiritual, e Deus, reconhecendo isso a todo o momento, demonstra a sua misericórdia infinita, nos ajudando sempre a levantar e a continuar caminhando em Sua direção, mas para você compreender melhor ainda, vou voltar um pouco mais atrás no tempo e contar-lhe uma história mais antiga ainda do que esta que lhe contei agora e que se encontra escrita no caderno número dois. É uma outra vida que relembrei também em sonhos logo após voltar para casa. E com a ajuda do meu amigo espiritual Ângelo A. Mig, que me explicou alguns detalhes, eu consegui entender um pouco mais daquilo que não conseguia compreender, como o estágio no umbral e de suas perturbações. Daí, que o segundo caderno que está com você traz a história de Dalila...

15

A HISTÓRIA DE DALILA

Angelita arrumou seus poucos pertences sobre a cama, colocou-os num velho saco de tecido escuro, já muito surrado e saiu bem devagar, equilibrando-se precariamente na ponta dos pés, com muito cuidado para não esbarrar em nada e não acordar seu pai, que naquele momento dormia com a cabeça sobre a mesa. Ele tinha bebido toda a garrafa de vinho barato, que exalava seu cheiro acre e avinagrado causando náuseas na mocinha que precisava deixar aquele lugar o mais rápido possível. Moravam numa velha casa em ruínas onde nas suas paredes havia muito não ressoavam risos e alegrias. Ela era muito jovem, quase uma menina, mas precisava fugir dali sem olhar para trás, livrando-se do destino que seu pai havia traça-

do para ela. Precisava urgentemente sair daquele lugar e do domínio paterno, fugir para não casar com um velho viúvo com muitos filhos, obrigada por seu pai, homem rigoroso, egoísta e nada afetuoso, que tinha planos de sair pelo mundo e precisava deixá-la em lugar seguro até que ele decidisse voltar, "se" resolvesse voltar. E o escolhido para noivo era um velho amigo da mesma idade dele, que ficara viúvo em situação difícil, sem mulher para cuidar da casa e dos filhos e que encontrou a solução pedindo a filha do amigo em casamento. Os dois tinham feito um "grande negócio", mas Angelita não concordou com esse absurdo, que só poderia ter saído da cabeça de dois bêbados ignorantes e sem sentimentos.

Cheia de sonhos de menina e na esperança de encontrar o seu amor verdadeiro, desesperou-se quando se viu sem saída diante do poder autoritário de seu pai, que de maneira nenhuma queria ceder aos seus propósitos, que para ele tudo não passava realmente de um negócio.

Desesperada, quando não via mais solução para a sua situação, lembrou-se dos ciganos que estavam acampados na beira do rio.

Pediu guarida a eles, que se prontificaram em ajudá-la, mas acharam melhor fazê-lo no dia em que saíssem da cidade, levando-a com eles. E assim ficou combinado para aquela noite; nas primeiras horas da madrugada ela deveria se encontrar com o comboio na saída da cidade, evitando que alguém a visse indo embora na companhia deles, já que levavam fama de roubar jovens e crianças pelo mundo.

Aquele seria o primeiro de muitos dias em que viveu e conviveu entre aquelas pessoas de hábitos tão diferentes, e a primeira de muitas viagens que fez entre os ciganos, aprendendo a sua língua e seus costumes. E dali passou a viver como se fosse uma autêntica cigana, deixando para trás um pai que sempre a ignorou e uma vida sem lembranças agradáveis. Perambulou com o grupo pelo mundo todo e, com as mulheres, aprendeu o ofício de parteira.

Carente de afeto, facilmente se afeiçoou àquelas pessoas de hábitos nômades e muito alegres, que trabalhavam, cantavam e dançavam o tempo inteiro. Adorava principalmente a matriarca Muriel, muito querida e amorosa, que acalentou suas queixas e enxugou suas lágrimas como se fosse sua própria mãe.

Certo dia, em que o comboio de carroças atravessava o interior da Espanha, Muriel deitou-lhe as cartas ciganas e previu que a sua vida iria sofrer uma reviravolta. Tomaria um novo rumo em direção à felicidade e para isso era necessário que ela descesse na próxima encruzilhada e aguardasse seu destino. Dito isto, chamou alguém lá na frente e mandou parar o comboio. As carroças foram parando e todos foram descendo e se aproximando cheios de curiosidade, formando naturalmente um semicírculo ao redor de Muriel, para que ela os informasse o que havia visto nas cartas. E para cumprir o destino revelado pelo baralho cigano, era preciso que Angelita descesse ali naquele lugar, por mais estranho que isso pudesse parecer. Como era de costume, todos acataram imediatamente a velha cigana, a líder do grupo, aquela a quem todos respeitavam, e assim trataram imediatamente de cumprir suas determinações sem discutir ou sequer argumentar.

Abraçada à jovem, Muriel a tranquilizou dizendo que confiasse em Deus e nas suas cartas ciganas. Ele estaria com ela e a protegeria sempre e ainda traria o homem do seu destino até aquele lugar; as cartas nunca mentiram para ela e Deus nunca tinha lhe faltado.

Mesmo esperançosa de encontrar o seu amor, o sonho natural de toda mocinha, anseio do seu jovem coração romântico, aquele inusitado acontecimento lhe tirou quase todas as esperanças. Por mais ingênua que fosse, era difícil crer cegamente nas determinações de um baralho e mais ainda dadas as circunstâncias do momento, ficando em uma encruzilhada qualquer à beira de um caminho no fim do mundo. Como poderia acreditar numa coisa daquelas? Uma crise de desespero tomou conta de todo o seu ser, fazendo-a tremer dos pés à cabeça, travando todo o seu raciocínio, mas naquele momento nada mais lhe restava senão confiar e acreditar naquela que a acolhera como a uma filha durante aqueles últimos anos. Tinha certeza de que Muriel só queria o seu bem e, se ela estava dizendo que era daquele jeito que devia ser feito, resolveu confiar, também; o que mais poderia fazer? Sentiria saudades de todos, principalmente da sua amiga e conselheira, a boa Muriel.

Antes de se despedirem, Muriel a levou de volta para dentro da carroça para falar-lhe a sós e disse-lhe:

– Minha filha, preste bem a atenção no que

vou lhe dizer: tudo o que nos acontece está correto, pois é a oportunidade que temos de sermos melhores a cada dia. O sofrimento é um bem se ele nos ensina a sermos melhor. Temos que ter por bandeira os ensinamentos de Jesus e segui-los fielmente, tendo a certeza de que tudo sempre está certo, mesmo que a gente não compreenda. Pois lá na frente, no futuro, vamos entender cada coisa que nos aconteceu e por que aconteceu. E ainda vamos ver que foi justamente por ter acontecido assim, daquela forma, que cumprimos a missão a que viemos na Terra. Não se angustie, coloque sua vida nas mãos de Deus e siga com coragem. Olhe, minha filha, daqui a alguns anos nossos caminhos irão se cruzar novamente e eu lhe direi mais algumas coisas que não posso dizer agora, pois você não entenderia. Mas confie em Deus, pois sem Ele não somos nada.

Assim, ela foi deixada tristemente, depois de muitos abraços e despedidas, com promessas de um dia se encontrarem, em qualquer encruzilhada em qualquer ponto do mundo. Sem saber para onde ir, começou a rezar automaticamente entre lágrimas desesperadas e o coração cheio de medo, enquanto via desaparecer para sempre, na curva da estrada poeiren-

ta, o comboio de carroças de um grupo de ciganos.

– O que será de mim agora, meu Deus? Para qual lado devo seguir, qual destas estradas devo escolher para encontrar o meu destino? Como é que isso foi acontecer comigo? Por que, meu Deus?

Falava alto, amedrontada, olhando para todos os lados, sem saber o que fazer, enquanto lágrimas copiosas embaçavam os seus olhos e desciam pelas bochechas pálidas e trêmulas. Sentou-se numa elevação à beira do caminho estreito, contornado de mato retorcido e flores secas e poeirentas, e abandonou-se ao pranto convulsivo, fazendo tremer seu corpo frágil de mulher no vigor da juventude. Encolhida como um feto, com a cabeça pousada sobre os joelhos e abraçada às próprias pernas, ali se deixou ficar como se fosse um nó humano.

– Será que isso é um castigo por eu ter abandonado meu pai? Mas ele próprio ia me abandonar e ainda me entregar para aquele velho horroroso, para viver uma vida nojenta, sem amor e, com certeza, uma vida de escrava.

Falava sozinha, esperando que Deus a ouvisse em seu desespero.

Não sabe quanto tempo ficou ali, de cabeça baixa, pensando e chorando desesperadamente e se perguntando repetidamente: o que seria de sua vida dali para a frente? Não sabe se dormiu, mas o fato é que nem notou que uma carroça parou ao seu lado, com duas pessoas sentadas na sua boleia, sendo uma mulher mais velha e um homem mais novo. Ao levantar a cabeça, assustada com o relincho do cavalo, deparou-se com aquelas pessoas olhando-a atentamente.

Seus olhos, transbordando de lágrimas novamente, se encontraram com os do homem, causando um estremecimento e um arrepio em ambos, como se fosse um choque elétrico.

– Precisa de ajuda, moça? Está perdida neste caminho? – perguntou a mulher, de voz firme e cheia de curiosidade. Afinal, o que fazia uma mulher jovem, bonita, sozinha, chorando à beira do caminho àquela hora do dia? Isso não era comum por aquelas paragens.

– Não tenho para onde ir, senhora. Morava com um grupo de ciganos que me deixou aqui para tomar outro rumo na vida, agora não sei nem onde estou e que caminho seguir.

Falava só olhando para a mulher, para não

ter de encontrar novamente os olhos daquele homem, que podia bem ser o marido dela. E se fossem casados, que vergonha! Não era hora de pensar como uma boba sonhadora, aliás, era hora sim, de acabar com os sonhos tolos da adolescência. Não sonharia mais, se entregaria ao seu destino viesse do jeito que viesse. Viveria o sol e a lua e estava muito bom.

Apesar do momento por demais sofrido, ela ainda conseguia pensar enquanto ouvia a mulher falando com ela:

– Pois veja só, moramos numa vinícola e, se quiser nos acompanhar, trabalho lá é que não falta – continuou a mulher, visivelmente intrigada com o inusitado daquela situação, mas sentindo uma irresistível necessidade de ajudá-la. Não conseguia se imaginar indo embora e deixando para trás tão frágil mocinha estranhamente abandonada ao seu destino, bastante cruel, a seu ver.

– Não posso perder esta oportunidade de trabalho e moradia, senhora. Não tenho ninguém e nem para onde ir, obrigada – respondeu apressadamente, sem se dar conta de que não entendia nada de uvas e vinhos. Faria o melhor que pudesse e agradeceria a Deus por *ter ouvido as suas preces. Angelita pensou com toda a sinceridade.*

E a mulher continuou falando enquanto a menina se dirigia para eles e colocava seus poucos pertences na carroça, pulando em seguida, com agilidade, para dentro dela.

– Meu nome é Dolores e este é José. Estamos indo buscar a parteira. Temos uma mulher em trabalho de parto e não podemos demorar. Suba na carroça se quiser ir com a gente.

– Pois olhem, sou parteira também, há muitos anos faço partos que aprendi com uma cigana muito experiente. Se precisarem posso ajudar, seria uma forma de agradecer por sua bondade em me oferecerem trabalho e pousada, senhora.

O casal da boleia se entreolhou e a mulher falou:

– Não nos leve a mal, ficamos agradecidos com a sua oferta, mas vamos buscar a nossa parteira. Já estamos acostumadas com ela e, quem sabe, numa próxima vez, quando a conhecermos melhor. No momento estamos precisando é de braços para a colheita, além do mais, se a minha intuição não falha, você é uma

boa mulher. Angelita subiu e se ajeitou entre muitas sacas de grãos e objetos de trabalho.

E foi dali para a frente que começou uma nova fase de sua vida e, pela força do destino, como diria a sua boa Muriel, ela foi parar diante do grande amor de sua vida, José. Ao chegarem à vinícola, Dolores mandou que Angelita se acomodasse na casa do casal mais idoso da fazenda, Júlio e Ramona. Ela seria uma espécie de acompanhante para os dois, iria ajudá-los nos afazeres domésticos e cuidar dos velhos nas suas necessidades. Eles estavam na vinícola desde muito jovens, ajudaram os donos a prosperarem. Agora não trabalhavam mais, porém tinham o respeito, o carinho e o cuidado de todos. Também ficou sabendo que as pessoas, mãe e filho que a trouxeram, eram os donos do lugar e eram pessoas boníssimas. Todos eram muito unidos naquela comunidade. Uma grande família, que já tinha passado por maus momentos, guerra, geadas e incêndios, mas conseguiram sobreviver, graças à união de todos. As videiras eram plantadas, podadas e suas uvas colhidas, com muita festa, alegria e muito amor. Aos domingos, geralmente, um padre os visitava e ministrava uma missa para todos, e mesmo sem ele, o hábito de se reunirem para as orações no dia do descanso não era interrompido. E daquela vinícola, saía um respeitável vinho nobre da mais alta qualidade.

Angelita trabalhava muito em casa, na vinícola, e se dedicou inteiramente aos velhinhos como se fossem da sua família. Tinha-lhes muito carinho e em pouco tempo já tinha conquistado a todos com seus modos discretos e sua natural simpatia. Começou a olhar com menos timidez para José, o homem de sua vida, logo que soube que ele e Dolores eram mãe e filho. Agora também notava o olhar correspondido por ele. Amaram-se desde o momento em que trocaram o olhar na beira da estrada. O seu coração lhe dizia que o amor deles era mais velho que o tempo. Um amor de sempre, que só estava adormecido pela distância e estaria sempre com eles até depois da morte. Naquele mesmo ano ainda, logo depois da colheita, Angelita e José se casaram e festejaram, com todos os agregados da vinícola, a grande felicidade. Dolores foi quem mais torceu para que eles se casassem. Já estava preocupada com aquele seu filho, que ainda não tinha escolhido a sua companheira para a vida. E se ele achava que a moça que encontraram à beira da estra-

da era ela, que assim fosse, e que Deus os abençoasse. Dolores era uma mulher boa, justa e, à moda dela, acreditava que Deus sempre escreve o destino das pessoas.

Muito tempo se passou depois daquela tarde em que Angelita foi deixada à beira da estrada por seus amigos ciganos, e seu destino tomou um rumo totalmente diferente desde então. A felicidade e a alegria passaram a fazer parte do dia-a-dia na vida simples de camponesa como era agora sua forma de ser e viver naquele vinhedo, onde cuidavam de plantas e animais e o principal, o cultivo da uva para produzir um bom vinho. Muito apaixonados, Angelita e José corriam pelos campos verdes junto das crianças formando um bando alegre e feliz. Todos formavam uma grande família, todos se amavam e eram muito unidos. Trabalhavam muito, plantando e colhendo e, sempre cantando com alegria, se divertiam dançando ou amassando uvas para fazer vinho. Muito religiosos, os domingos eram reservados primeiro para as orações em conjunto ou para a missa. O pároco vinha até o vinhedo a cada dois meses, quando os pares se casavam e batizavam os que haviam nascido naquele meio tem-

po. Domingo era sempre um dia de festa, de oração, de descanso; e o amor era pleno entre todos naquele tempo e a vida era só harmonia.

Angelita se tornou uma respeitada parteira dali e das redondezas e já tinha perdido a conta de quantas crianças ajudara a vir ao mundo, o que para ela era sempre uma grande emoção se deparar com uma nova vida nas mãos. E sempre que terminava o trabalho de parto, se postava de joelhos para agradecer humildemente a Deus a bênção da vida que pelas suas mãos chegava. Mas ela mesma, até o momento, ainda não tinha tido a alegria da maternidade; já havia conseguido engravidar algumas vezes, mas por algum motivo a gravidez não ia adiante. Sempre era interrompida espontaneamente por volta dos três ou quatro meses, o que os entristecia muito, mas continuavam cheios de esperança, apoiando-se no amor que os unia e na fé em Deus, que um dia ouviria as suas preces. Até que finalmente, para alegria de todos, a gravidez foi adiante e, entre festas e mimos, nasceu uma linda menina, filha gerada com muito amor e desvelo e assim cresceu cheia do carinho de todos, mas desde pequena demonstrou uma profunda indiferença pela desvelada e carinhosa mãe, que não poupava esforços para agradá-la. Quanto ao pai, não; este era descaradamente o seu amor. Única pessoa a quem aquele espírito tão rebelde e de difícil trato, desde tenra idade, respeitava e até reverenciava, demonstrando muitas vezes um ciúme doentio a ponto de não permitir que seus pais demonstrassem, na sua presença, qualquer sentimento de amor e carinho. Aquela situação, pouco a pouco, foi se tornando constrangedora, e o que parecia uma alegria, o nascimento de sua pequena Dalila, tornou-se uma prova difícil e muitas vezes amarga, para o coração daquele casal que muito se amava.

O tempo transcorreu rapidamente com aquele espírito rebelde encarnado no seio daquela família tão harmoniosa, até ali. Como não sofrer com tão inesperada situação, por vezes insuportável? Não demorou muito e Dolores desencarnou vitimada por um mal súbito, desestruturando mais um pouco aquele grupo de pessoas. Mas a fé de Angelita se fortalecia com as orações e o desvelo em servir ao próximo, reconhecendo intimamente que, de alguma forma, Deus colocava à prova sua fé e não podia decepcioná-Lo. Se esta era a filha que Ele havia escolhido para ela depois de tanta espera, assim seria e orava com fervor pedindo para

abrandar aquele coração rebelde. Mas o que Angelita não sabia era que Dalila havia formado com ela e José, em outras vidas, um triângulo amoroso que terminou de forma trágica e agora precisaram voltar juntos para uma reconciliação, e nada melhor que a família para possibilitar isso. E os dias foram passando e Dalila, espírito revoltado e cada vez mais intransigente, foi se tornando pior e de difícil trato, colocando seus pais em situações cada vez mais constrangedoras. Gritava com Angelita por qualquer motivo e derretia-se toda na presença do pai, causando até um mal-estar em José ao perceber sentimentos libidinosos vindos da parte dela. Com certeza, era impossível para ele, homem simples, um trabalhador rural, entender o comportamento dela, o que também o fazia recolher-se e orar, pedindo a Deus que dominasse aquele comportamento esquisito da filha querida. Ele a amava, mas não como homem e sim como um pai zeloso da sua família, assim como o seu amor de homem era para sua muito amada Angelita. Era difícil entender aquilo tudo, mas era um homem "temente" a Deus e respeitava a Sua vontade. Achava até que aquilo só podia ser coisa do demônio, entidade temida pelos adeptos da sua crença.

Certo dia, após o jantar, Angelita estava na cozinha terminando seus afazeres, quando caiu desmaiada, machucando-se com um caco de louça que levava nas mãos, provocando um sangramento profundo numa perna. Enquanto era carregada para a cama nos braços fortes de José, ouviu-se um grito lancinante no quintal; era Dalila que, ao ver pela janela a angústia do pai diante da inconsciência da mãe em seus braços, pôs-se a chorar e gritar de ciúme, interpretado pelos vizinhos como sofrimento pela mãe. Daquele dia em diante, Angelita foi piorando não só do corte na perna, mas do estado geral, fazendo com que José e Dalila, ela mesmo contra a vontade, se revezassem em cuidá-la. Uma febre alta e resistente fez com que José fosse até a cidade mais próxima e trouxesse um médico para ver Angelita, que piorava a olhos vistos, vomitando constantemente.

Depois de um tempo examinando a paciente, o médico chegou-se a José e o preparou para o pior, avisando-o que Angelita dificilmente se salvaria, mas que ele ainda tentaria tudo com o que conhecia da medicina, pois os sintomas o levavam a crer em envenenamento por alguma substância ainda não identifica-

da por ele. Talvez alguma erva que ela ingeriu junto com a comida, pois as mulheres usam temperos e folhas nos alimentos, que podem ser confundidos com alguma planta venenosa. O médico levantava possibilidades sem julgar a quem quer que fosse. Talvez, por uma questão de temperamento e convicção, pensasse que "todos são inocentes até que se prove o contrário". Uma raiva surda transbordou do peito de José ao imaginar que a sua filha, gerada com todo amor, tinha tido a coragem de intentar matar a sua própria mãe motivada pelo ódio e pelo ciúme. Era inadmissível pensar numa coisa dessas, mas era a única explicação plausível já que, desde criança, Dalila odiava a mãe. E para não criar mais confusão, não permitiu que Dalila se aproximasse mais do leito da mãe, aliás, não era nem para entrar no quarto, já que ele, juntamente com uma vizinha amiga, cuidava pessoalmente de Angelita, que jazia no leito semiconsciente. O médico, devido às circunstâncias, hospedou-se na vinícola para tratar de Angelita já que, na época, o conhecimento médico-científico era ainda muito precário e o tratamento era feito com produtos químicos e extratos que o próprio médico preparava e carregava consigo. Várias sangrias, vomitórios e lavagens intestinais foram feitos naqueles dias de tanto sofrimento no intuito de liberar a toxidade do envenenamento; mas só depois de várias intervenções, Angelita foi voltando daquele torpor em que se encontrava. Só que, infelizmente, por algum motivo não explicado pela medicina de então, ela nunca voltou a andar e ficou com algumas sequelas, entre elas, o esquecimento parcial de algumas coisas e palavras, a fala ficou pastosa, não conseguia engolir direito e, enfim, nunca mais voltou a ser o que era.

Dalila, revoltada, foi embora de casa e saiu pelo mundo, já que percebeu que tudo aquilo só fez aumentar o amor do pai pela mãe e o ódio dele por ela. Angelita sobreviveu ainda quase um ano, mas sem andar, sem sair da cama, largada como se já estivesse meio morta, para tristeza dos amigos e do seu amor José. O tempo foi passando e José, vendo Angelita, o seu amor, ir definhando como uma flor que murcha, foi sentindo recrudescer o ódio pela filha, prometendo a si mesmo que aquilo não ficaria assim.

Numa noite, Angelita começou a se debater em aflição, sentou-se na cama e começou a falar com alguém invisível. As amigas que ali estavam ao seu redor orando por ela e velando o seu sofrimento, ficaram assustadas, mas um sorriso pleno no rosto maltratado pelo sofrimento fez com que as mulheres vissem que alguma coisa estranha acontecia naquele quarto. E com muita dificuldade ela balbuciava repetidamente:

– Muriel, é você? Você veio me buscar para acabar com este sofrimento, minha boa Muriel? Você não se esqueceu de mim? Vai me levar com você... então vamos, minha boa Muriel... mais uma vez você me socorre na hora em que eu mais preciso... obrigada, minha amiga. Obrigada, Muriel, me leve com você...

E assim, falando com alguém que elas não conheciam e nunca ouviram falar, Angelita esticou os braços esquálidos para a direção da boa e querida cigana Muriel, que recolheu-a no colo como se fosse uma criança e, acompanhada de uma falange de socorristas da espiritualidade, retiraram Angelita do corpo sofrido e mutilado pelo envenenamento e a levaram, envolvida em luzes e orações...

Muriel é antiga companheira de jornada de Angelita. Ambos são Espíritos que traba-

lham pela reunião e perdão de criaturas em conflito de relacionamento. Geralmente, dando oportunidade em união familiar, como no caso José e Dalila.

Elas já se ajudaram em muitas encarnações, cumprindo tarefas. Agora Muriel teve autorização para retirá-la do corpo, pois já tinha cumprido a sua tarefa.

Passado um ano daquele dia fatídico em que Dalila envenenou a própria mãe, colocando uma pitada de uma erva de veneno poderoso em sua comida, e que desencadeou toda uma lenta tragédia de dor e agonia para Angelita e por consequência para o seu pai, numa cidade vizinha vamos encontrar Dalila trabalhando num cabaré, um verdadeiro antro de vícios e perdição, numa degradação física e moral de dar pena. José, envolto numa nuvem de amargura e ódio, soube do paradeiro da filha e foi procurá-la, totalmente cego pelo sentimento de vingança. Entrou no ambiente fumacento decorado com muito vermelho, espelhos de molduras douradas que faziam multiplicar aquelas tristes figuras humanas de aspecto tão grotesco; principalmente as mulheres, excessivamen-

te pintadas e com o corpo mal coberto, que lá permaneciam bebendo, gargalhando e se insinuando de um lado para o outro, oferecendo os seus serviços aos clientes, anestesiadas pela bebida e pelo ópio.

José percorreu o salão desviando-se daquelas que se esfregavam nele lascivamente e, com o olhar fixo em cada rosto, tentava encontrar, por trás das máscaras de pintura borrada, o rosto da filha. Percorreu e não a encontrou, indo em seguida encostar-se ao balcão e pediu um conhaque que virou de um gole só, pedindo outro, em seguida mais outro, esperando ficar entorpecido como a maioria dos que ali estavam.

Depois de uma hora ou pouco menos, Dalila desceu pela escada que levava ao andar superior, desequilibrando-se perigosamente, em estado lastimável de alcoolismo, demência e perturbação espiritual, visivelmente embriagada, dando gargalhadas e agarrando-se ao pescoço de um provável cliente. Dava um triste espetáculo para o público ali presente, que se entretinha com todo o tipo de situações. Tudo era motivo para gargalhadas e aplausos frenéticos típicos dos alienados.

Ao deparar-se com José à sua frente, ela não resistiu e atirou-se em seus braços, beijando-o na boca, enquanto a turba aplaudia enlouquecida. Enojado com a atitude dela, instintivamente ele a empurrou, fazendo-a cair desajeitadamente como uma boneca de pano no canto do balcão, para admiração de todos que deviam pensar que era mais uma atitude passional de namorados. Arfando com mais raiva ainda, botando fogo pelos olhos, Dalila, cambaleante, ficou de pé novamente diante dele enquanto um silêncio sepulcral se instalou no ambiente, fazendo, até, os músicos pararem. Por uns momentos, faíscas de ódio atravessavam entre os dois, quase visível aos que apreciavam a cena; em seguida, com uma agilidade semelhante à de um felino, Dalila tomou de uma faca sobre o balcão e desferiu um certeiro golpe no coração de José e em seguida no seu próprio para espanto da assistência, caindo feito trapos um sobre o outro, para desespero dos presentes. A notícia se espalhou e a tragédia passou para a história do lugar.

Mas a vida continua, e o ódio foi aumentando cada vez mais entre ambos, alimentado e incentivado por espíritos de vibração seme-

lhante, fúteis, vingativos e odiosos, atraídos pela semelhança de emanações e sintonia.

Com o passar do tempo, aquele conjunto de seres em triste experiência, levados pela inconsequência, permaneceram ligados por fluidos mentais pesados produzidos pelos sentimentos inferiores. Por uma questão de Justiça, era necessário que passassem pela experiência da dor, do fogo interior, cujas labaredas fazem arder como ferro em brasa na carne devido às agruras que criamos para nós mesmos e que precisam ser expurgadas pelo processo do sofrimento.

Para isso, foi necessário que eles ficassem longo tempo nas profundezas do umbral. Por fim, cansados de sofrer e rastejar na própria lama de infelicidade, pediram ajuda a Deus, suplicando por perdão e pedindo uma nova chance. Atendidos pela benevolência de nosso Pai e dos irmãos socorristas, foram retirados daquele lugar e recomeçaram a reeducação para num futuro reencarnarem novamente. Depois de um período longo de tratamento e limpeza das energias criadas por seus pensamentos negativos, moldando formas-pensamentos horríveis e monstruosas, foi havendo a mudança de vibrações energéticas na reorganização perispiritual. Isto aconteceu com a ajuda imprescindível dos benfeitores da espiritualidade e de Angelita, que contribuiu muito com orações e trabalhos voluntários para conseguir créditos-beneplácitos e resgatá-los daquele triste lugar. Então, depois de muita oração e de tratamento, internados em hospitais na colônia Espiritual e de posse de certo equilíbrio, José conseguiu compreender que ele e Angelita deram a oportunidade de reencarnação para Dalila como filha, espírito obsessor, que já os havia prejudicado anteriormente, pois, demonstrando arrependimento em Espírito, pediu-lhes a oportunidade de estar com eles nesta vida para se redimir de seus erros, principalmente para com os dois e que, ao se deparar com José, seu amor não correspondido, desequilibrou-se novamente, perdendo mais uma oportunidade de resgatar seus débitos naquela encarnação. Daí as várias tentativas e desistências de reencarnar provocando abortos espontâneos, devido a sua vibração negativa, achando que seria difícil superar as fraquezas, o que infelizmente aconteceu. Mas se não conseguiu ainda desta vez, pela bondade de Deus sempre podemos retomar o nosso aprendizado tantas vezes quan-

to necessárias, banhados em lágrimas de arrependimento sincero até realmente vencer nossa fragilidade e superarmos a nós mesmos nos redimindo no bem. E este seria o destino de Dalila para breve, mais uma oportunidade autorizada pelo Alto e conseguida por Angelita, espírito bom que já vinha lutando havia muito para reabilitar Dalila. Agora, uma nova reencarnação, uma nova tentativa redentora, com as bênçãos de Deus e dos amigos que não desistiam de ajudá-la, se apresentou com a vinda à Terra como Nicole, que infelizmente, ainda se deixando dominar por seu orgulho, prepotência e seus instintos inferiores, atraiu criaturas perturbadoras e desequilibradas que, unidas a ela, conseguiram novamente destruir todo um trabalho da espiritualidade. E mais uma vez faliu, dominada pelo ciúme, pela vingança e pelo ódio.

Mais um tempo se passou e os nossos amigos, que não desistem nunca, me levaram a novas aulas, novas promessas, juntamente com a misericórdia Divina que nunca nos falta e nos permite continuar tentando até conseguirmos vencer a nós mesmos para conseguir a nossa evolução.

Mais uma vez foi autorizado na espiritualidade o meu retorno para uma nova experiência e aprendizado na carne. Desta vez, amadurecida pela dor e mais humilde, aceitei a ajuda de Angelita, que reencarnou alguns anos antes de mim na pessoa do Dr. Madeira Leme, espírito caridoso, que veio com a finalidade de me levar o conhecimento da Doutrina Espírita e me estimular na paciência, na humildade e na tolerância para, redimida, conseguir o perdão de todos aqueles a quem prejudiquei.

Finalmente, voltei como Ada, e consegui resgatar parte das minhas faltas usando de resignação, paciência, humildade e tolerância, aprendendo nos ensinamentos de Jesus e na Doutrina Espírita, a sublimação do amor. E entendendo finalmente a lei de causa e efeito, imprescindível para a nossa evolução e compreendendo, principalmente, que temos que praticar a humildade, a caridade e o amor, lição maior que Jesus Cristo nos deixou.

E assim, minha cara Celina, como pode ver, a misericórdia Divina é infinita e, por mais que rastejemos na lama da ignorância, Ele está sempre lá aguardando que tenhamos a humildade de estender a mão e pedir ajuda para nos

reerguermos, em nos colocar de pé e reconhecermos nossas faltas. Que aprendamos a perdoar para sermos perdoados. E finalmente que aprendamos a maior de todas as lições, o maior de todos os remédios para todas as dores do corpo e da alma, que é o amor incondicional, o amor puro e sublime que Jesus nos ensinou.

Um grande beijo, Celina, e até a próxima oportunidade, quando Deus nos permitir cruzar nossos caminhos novamente. Foi muito bom conhecer você.

Fim

O Instituto

Em 1963 nasce, através de voluntários que buscavam o benefício do próximo, o **Instituto de Difusão Espírita**, entidade assistencial, sem fins lucrativos, com a finalidade de divulgar a Doutrina Espírita.

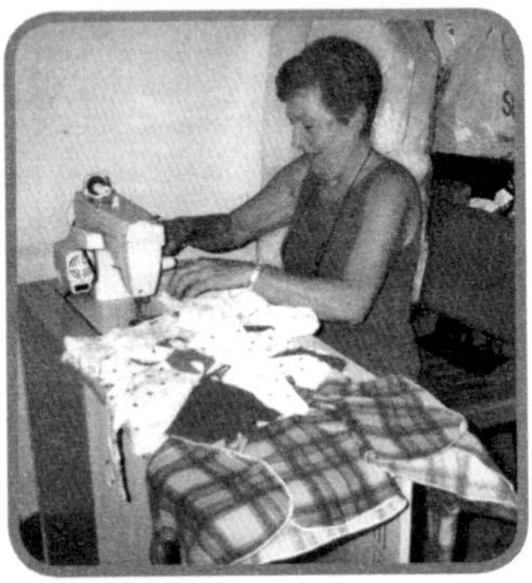

Além do departamento editorial, o Instituto de Difusão Espírita, conta com outras frentes de trabalho, voltadas à assistência social, que visa promover o bem-estar da família carente, auxiliando-a através de corpo de voluntários, naquilo que ela mais necessita, como orientação moral, alfabetização, evangelização, assistência médica, farmacêutica e odontológica, alimentação, leite em pó, vestuário, cestas básicas, cursos para gestantes e mães, e enxovais para recém-nascidos, através de oficina de costura.

O Instituto de Difusão Espírita também acolhe pessoas desabrigadas e sem teto, através de seu albergue noturno, onde são alimentadas e assistidas no que for necessário, em caráter provisório ou emergencial.

Desde sua fundação, vem servindo a causa espírita, exemplificando o maior ensinamento de Jesus que é o ***Amor ao Próximo***, através da caridade, em todas as suas formas.

O Homem do Caderno

Wilson Frungilo Jr.

Esta obra nos traz mais uma inspiração mediúnica do conhecido autor, que nos narra a emocionante história de João Pedro que, durante a infância, enfrentou os problemas da miséria e da pobreza, na difícil sobrevivência, nas ruas da cidade grande, por vários anos da década de cinquenta.

Apesar dessa vida, conseguiu, com muita força de vontade, aprender a ler, a escrever, e a trabalhar com os números, conquistando, dessa maneira, ainda menino, um emprego num armazém de secos e molhados.

Aos dezoito anos, já com a vida mais equilibrada, sofreu perda irreparável, em tragédia que o arremeteu aos sentimentos do ódio e do desejo de vingança, vindo a ser auxiliado por esclarecedor caderno, manuscrito por um trabalhador do bem, pelo amparo de Ubaldo e pelo amor de Lurdes, uma jovem espírita, pela qual se apaixonou.

ISBN: 978-85-7341-468-4 | ***Romance***
Páginas: 256 | **Formato:** 14 x 21 cm

O Abridor de Latas

Wilson Frungilo Jr.

Este romance narra a história de Agenor que, após inevitável derrocada financeira, se vê na triste situação de viver como um andarilho, abrigando-se, em albergues ou outros abrigos que venham a lhe propiciar as necessárias horas de repouso.

Para sobreviver, vende objetos de bambu que ele mesmo confecciona, chamando a atenção com um brinquedo ilusionista, feito desse mesmo material.

Também oferece abridores de lata, e essa a razão do título desta obra, porque utiliza seus conhecimentos da Doutrina, transmitindo libertadoras verdades sobre a vida, o que o torna um abridor de corações para a felicidade.

E passados mais de trinta anos, o Espírito Sebastião, um preto velho, vem descerrar um novo horizonte na vida dos personagens dessa emocionante história.

Uma obra que vem demonstrar que a melhor auto-ajuda vem do conhecimento das razões da vida e dos ensinamentos de Jesus, a nos oferecer uma alta-ajuda, ou seja, a ajuda que o Alto nos propicia para que sejamos felizes através da humildade, da simplicidade e do amor ao próximo.

ISBN: 978-85-7341-429-5 | ***Romance***
Páginas: 256 | **Formato:** 14 x 21 cm

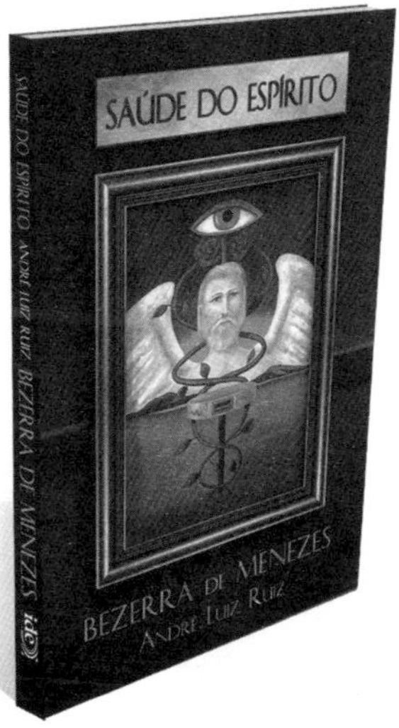

Saúde do Espírito

André Luiz Ruiz
por Espírito Bezerra de Menezes

Ninguém melhor do que um Espírito que, há mais de cem anos, exerce medicina da alma em benefício dos seus pacientes encarnados, para apresentar gotas de pequenas histórias e reflexões sobre o cotidiano das criaturas.

Com elas, Bezerra de Menezes diagnostica enfermidades, prescreve medicação e realiza a terapêutica sublime preconizada por Jesus, com a finalidade de propiciar o equilíbrio do corpo através da aquisição da verdadeira saúde: a Saúde do Espírito.

ISBN: 978-85-7341-472-1 | ***Conto***
Páginas: 126 | **Formato:** 14 x 21 cm

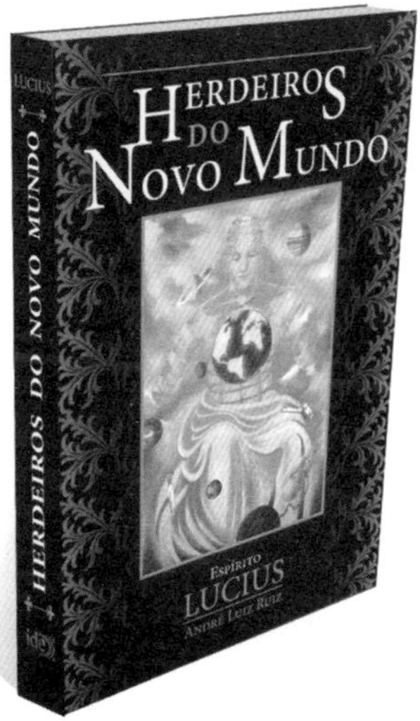

Herdeiros do Novo Mundo

André Luiz Ruiz,
por Espírito Lucius

Final dos Tempos, Salvação, Comportamento Humano, Rotinas Religiosas, Sociais, Familiares, Escolhidos, Eleitos, Exilados, Condenados... Depois dos romances "DESPEDINDO-SE DA TERRA" e "ESCULPINDO O PRÓPRIO DESTINO", Lúcius completa esta TRILOGIA TEMÁTICA apresentando o livro, no qual Bezerra de Menezes, Jerônimo e Adelino oferecem um panorama sobre os momentos vividos pela humanidade atual, revelando o processo de separação do "Joio e do Trigo", além de tecerem comentários sobre as circunstâncias favoráveis à construção do futuro, nos instantes cruciais da seleção espiritual predita por Jesus. Tais Espíritos tomam as palavras do Mestre como referência, revelando ao leitor um roteiro para a salvação, visando o despertamento do Idealismo, das virtudes do Amor e da Mansuetude, do Arrependimento e da Força de Vontade no Bem. O leitor vislumbrará com facilidade a ação dos mecanismos seletivos do Universo a fim de que, aproveitando os esforços de entidades enobrecidas possa tudo fazer para ver-se entre os que estejam trajados com a Veste Nupcial e sejam aceitos como os "HERDEIROS DO NOVO MUNDO".

ISBN: 978-85-7341-462-2 | ***Romance***
Páginas: 544 | **Formato:** 14 x 21 cm

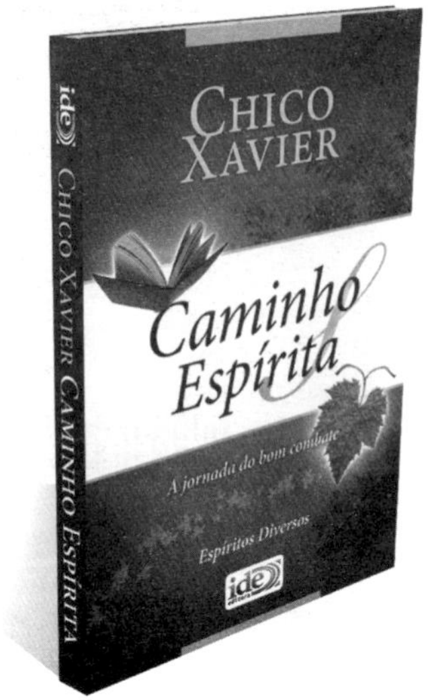

Caminho Espírita
Chico Xavier

Edificantes e esclarecedoras mensagens de autores espirituais, a nos conduzir, de maneira cristã e segura, compreendendo que:
"...o caminho espírita é a estrada real da criatura com todas as indicações exatas para a viagem de nosso aperfeiçoamento e libertação."

Emmanuel

ISBN: 978-85-7341-470-7 | ***Mensagens***
Páginas: 224 | **Formato:** 14 x 21 cm

Paz e Renovação
Chico Xavier

"A renovação íntima é o fator básico de todo reequilíbrio.
Daí procede, leitor amigo, a organização deste volume despretensioso, englobando avisos, apelos, comentários e lembretes de irmãos para irmãos, no propósito de estudarmos juntos as nossas próprias necessidades.
É um convite a que nos desagarremos das sombras do desânimo ou da inércia, para nos colocarmos todos no encalço das realidades do Espírito."

Emmanuel

ISBN: 978-85-7341-463-9 | ***Mensagens***
Páginas: 224 | **Formato:** 14 x 21 cm

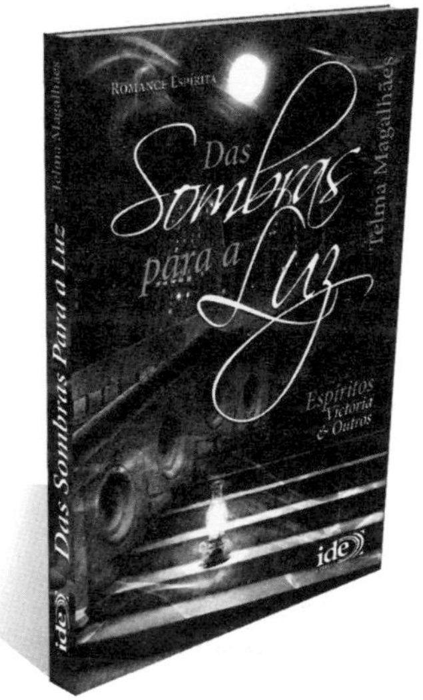

Das Sombras Para a Luz

Telma Magalhães,
por Espíritos Victória & Outros

Este livro nos traz emocionantes narrativas de Espíritos que realizaram erradas escolhas as quais os levaram a grandes dificuldades no plano espiritual, atraídos que foram, por suas próprias consciências e pelas forças da vida e das leis de ação e reação, a regiões inferiores e de grande sofrimento.
São narrativas que nos trazem o testemunho de que somente a mudança íntima, alicerçada pelo arrependimento e pelo desejo de seguir a senda do bem, pode nos resgatar das sombras e nos recolocar no caminho que Deus, nosso criador, nos oferece sempre, como um norte para a verdadeira felicidade.
Uma importante obra a nos lembrar dos compromissos do amor ao próximo, por nós assumidos, antes mesmo desta nossa encarnação, em comovedores testemunhos daqueles que muito erraram e que somente encontraram nos ensinamentos de nosso Mestre Jesus, o sublime portal que os transmigrariam das sombras para a luz.

ISBN: 978-85-7341-454-7 | ***Romance***
Páginas: 208 | **Formato:** 14 x 21 cm

Paixão e Destino

Léa Caruso,
por Espírito Alfredo

Século XIX... reencontro de almas... o ato mais desagradável a Deus... o abandono da mulher amada... um Espírito desencarnado... sofrimento... ciúme...
Tudo isso e muito mais nesta obra que nos traz o exemplo, a busca, o caminho e a lição do perdão e do amor ao próximo.

ISBN: 978-85-7341-448-6 | ***Romance***
Páginas: 192 | **Formato:** 14 x 21 cm